El proyecto
y la mirada

Helio Piñón

© de las imágenes
Helio Piñón y sus autores

© de la edición
© Ediciones Asimétricas, 2024
© Ediciones Asimétricas, 2025
www.edicionesasimetricas.com

Diseño de colección
Toni Cabré

Maquetación
Emi Ramírez

ISBN
978-84-10065-40-6
Depósito Legal
M-17189-2024

Impresión
Estilo Estugraf Impresores

Primera edición, septiembre 2024
Primera reimpresión, abril 2025

Impreso en España
Printed in Spain

Índice

Introducción

Setenta años de conceptualización del proyecto han dejado a los arquitectos con la mirada bajo mínimos o, mejor, sin otro recurso sensitivo que el vistazo furtivo, con el único objeto de captar cualquier accidente estilístico, en el sentido más banal del término estilo.

Desprovistos de cualquier instrumento para penetrar en la estructura profunda del objeto, aunque dotados de un ansia incontrolable de creatividad, los arquitectos de estas últimas décadas se han encontrado, ante cualquier programa, sin saber que hacer ni —por consiguiente— saber como hacerlo: situación idónea para un arquitecto de serial, de los que en un arrebato de imaginación resuelven de manera brillante el programa más complejo.

Más dotados para *el relato* que para *el sketchup*, los arquitectos hemos dedicado las mejores décadas de nuestras vidas al intercambio —más o menos apasionado— de peroratas. Hemos recurrido a lo visual solo cuando era estrictamente necesario.

Cuando en 2006 la dirección de *Quaderns d'Arquitectura* me propuso colaborar con una sección fija de la revista, con tema y enfoque a mi elección, no dudé en titularla «Mirador». En efecto, mirador es tanto el lugar desde donde se mira como el sujeto de la mirada: difícil, por tanto, integrar en un solo término los propósitos con que acepté la amable invitación.

La sección se iniciaba sin otro criterio que las sugerencias de la mirada que el transcurso del tiempo me fuera generando: no había, por tanto, ningún hilo argumental, ni entorno estilístico, temático, geográfico o histórico.

Solo me proponía dar consistencia arquitectónica, mediante imágenes y —naturalmente— textos, a aquellos episodios visuales con que me encontrara en mi ya antigua relación de convivencia con la arquitectura.

Trataba de mostrar un modo diferente de aproximarse a lo construido, que —aunque resulte una paradoja— pasaría por la mirada atenta a los edificios valiosos o interesantes, por el motivo que fuere. Pero, ¿es que no lo hacéis así?, me preguntaban, en ocasiones, profesionales de otros saberes. Pues, generalmente, ¡no!, fue siempre mi respuesta. Como es natural, no hablaba en nombre propio, sino *de la profesión*.

Mirar edificios era una actitud impropia, ya criticada —por sospecha de *copia*— cuando yo cursaba la carrera, en los primeros años sesenta del siglo XX: ninguna contaminación del pasado podía mancillar la necesaria originalidad exigible a un edificio auténticamente moderno.

Lo que vino después todavía fue peor: críticas a la modernidad desde ámbitos culturales y geográficos tan diversos como coincidentes en su ignorancia acerca del objeto de sus críticas. Inclusivismo, exclusivismo, posmodernismo, regionalismos de todo tipo, historicismos recalentados, en fin: una retahíla interminable de pretextos narcisistas para disimular la desorientación.

Cansados de inventar escuelas, los que se ocupan de la arquitectura en los periódicos —en un acto de compañerismo que no sé si los *críticos de arquitectura* sabrán agradecer— han decidido volver al empirismo más chato de principios del siglo XVIII, de modo que lo *emblemático* y lo *icónico* son los nuevos atributos que distinguen a los edificios emblemáticos e icónicos, respectivamente. Por fin, al público se le reconoce el protagonismo que merece.

Mis palabras y mis fotos tratan de ser —como siempre— un testimonio de disidencia activa y, a la vez, cierto respiro para aquellos que se sienten afines a mis palabras y mis cosas: ¡no están solos!

P.S. Cierro el libro con sendos ensayos, elaborados pocos años después, que me parecen una buena síntesis del marco teórico desde el que se han producido el material gráfico y escrito de mis contribuciones a *Quaderns* que ahora se publica, compilado en forma de libro.

Mirador

TRANSPARENCIA Y *VITROMANÍA*

El uso de cerramientos transparentes permitió a algunos arquitectos modernos proyectar con la ficción de que, viviendo en sus espacios, se habitaba el mundo; cuando menos, el ámbito de la parcela —o de la finca— que, a través del cielo, actuaría de mediadora con el universo. Esta posibilidad, que modificó notablemente la noción tradicional de interioridad, adquirió la condición de valor absoluto de la arquitectura moderna.

Sí: la transparencia permitió culminar el ideal moderno de que la obra superase la condición de objeto, al implicarla en un sistema de relaciones visuales que determinan una formalidad compleja y subjetiva, aunque orientada hacia valores universales.

Los brutalistas —y los realistas, en general— solían considerar que el uso del vidrio respondía a un prejuicio estético y, puestos a actuar por antojos, prefirieron exagerar los aspectos más obvios de la construcción hasta convertir el sistema en una caricatura de sí mismo.

Los posmodernos confesos fueron —si cabe— todavía menos considerados con la transparencia: en su propósito de volver la modernidad del revés,

[1 y 2] Casa de Augusto H. Álvarez en México D.F.

[3 y 4] Casa de Augusto H. Álvarez en México D.F.

dieron al vidrio un tratamiento similar al del muro, es decir, le asignaron la condición de masa pétrea indiscriminada —privando su montaje de cualquier tectonicidad, anulando de su presencia cualquier plasticidad—, en el que la transparencia era pura anécdota.

Tal perversión del uso del material ha determinado —a mi juicio— la *vitromanía* a que me refiero en el título. En efecto, las quiebras de la idea de espacio moderno subjetivo y de la forma como relación no han supuesto la renuncia a algunos de sus atributos emblemáticos: así, el vidrio continúa considerándose, en muchos casos, un signo de actualidad, aunque con un sentido que se reduce a la mera apariencia exterior del edificio.

Sirva este boceto teórico para predisponer la mirada del lector curioso a la contemplación de unas imágenes que tomé hace unos meses en la casa de Augusto H. Álvarez (1914-1994) [Figs. 1-4], en México D.F., tras una rehabilitación reciente que muestra la sensibilidad de los autores para con sus valores esenciales.

FORMA URBANA DE LA MODERNIDAD

Es un lugar común que la arquitectura moderna fue capaz de producir algunos edificios interesantes, pero se cuentan por fracasos sus intentos de irrumpir en la escena urbana: en efecto —se dice—, si bien los edificios modernos, en ocasiones, resultan interesantes —lo que no aminora su condición fría e impersonal—, la ciudad moderna es desangelada e insoportable. En definitiva, es un fracaso.

Quienes piensan así suelen ser tipos apegados a las tradiciones como forma de supervivencia, sin otra noción de ciudad que un híbrido de una tarjeta postal de Venecia, el *boulevard de l'Opéra* y un anuncio de Disneylandia. En definitiva, reducen la ciudad a un cúmulo de tópicos figurativos y ambientales, sin consideración alguna a la habitabilidad real y a la incidencia que las cuestiones de orden formal tienen en ella.

Uno de los indicadores más elocuentes de la delicada —dejémoslo así— situación por la que pasa la arquitectura en la actualidad es la incapacidad para abordar el proyecto de la ciudad, ni siquiera en su fragmento más modesto, de manera que el resultado pueda reconocerse como obra de un ser inteligente.

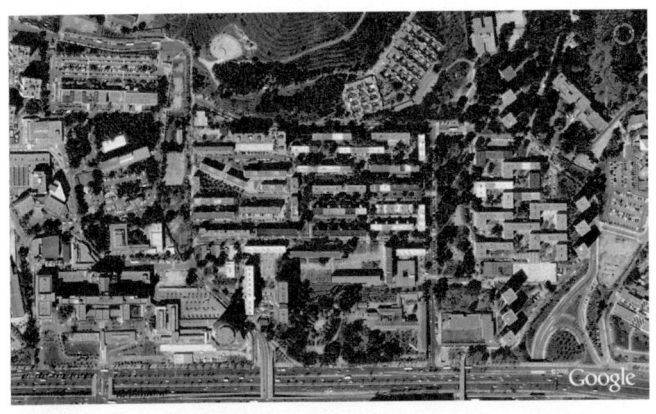

[5 y 6] Montbau y Besòs

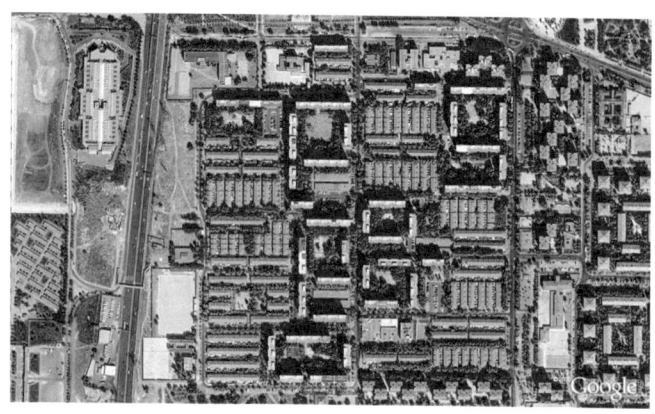

[7 y 8] Orcasitas y Fuencarral

[9 y 10] Entrevías y Caño Roto

La media docena de trucos con que se puede revestir de *minimalismo* una estructura arquitectónica banal es insuficiente para disimular la tosquedad de algunos de los fragmentos urbanos contemporáneos más celebrados por la prensa.

Ahora que se cumple medio siglo del encargo de ciertos *barrios de absorción* en Barcelona [Figs. 5 y 6] y de los célebres *poblados dirigidos* en Madrid [Figs. 7-10], es buen momento para visitarlos, aprovechando la oportunidad que ofrece la navegación aérea digital. Sirvan las imágenes que acompañan esta nota de humilde —pero sentido— homenaje a los arquitectos que, recién coronada la treintena, concibieron y llevaron a la materia esos fragmentos ejemplares de ciudad moderna, referente obligado de la historia reciente.

SISTEMA Y OBJETO

Las obras de arquitectura se caracterizan por atender a las condiciones particulares en que surgen sin renunciar a los valores de un sistema universal que las trasciende. A menudo, las dificultades del espectador para reconocer la singularidad formal del edificio han provocado la acusación de rigidez excesiva a cierta arquitectura moderna, entendiendo que en ella se niega la propia condición de objeto frente al determinismo del sistema que lo disciplina.

A principio de los años sesenta el Estilo Internacional fue objeto de severo repudio, basándose en este tipo de críticas: «es una arquitectura que repite una y otra vez el mismo edificio», «no atiende ni al lugar, ni al programa», son frases que se suelen oir —o leer— de los entusiastas de la posmodernidad. Quienes así hablan suelen ser tipos muy impresionables por el simple aspecto de las cosas, poco dotados —por tanto— para penetrar la costra de la apariencia: basta reconocer la dimension formal de las cosas —es decir, la manifestacion sensitiva de la configuracion interna— para que los mismos edificios aparentemente similares adquieran la variedad de matices que previeron sus autores. Sí; probablemente, los arquitectos

[11] Egon Eiermann, Sede central del IBM, Deutschland
GmbH, Stuttgart 1967-1972. © Horstheinz Nevendorff

[12] Egon Eiermann, Pabellón de Alemania, Exposición universal, Bruselas 1958. © Eberhard Troeger

[13] Egon Eiermann, Fábrica y oficinas
Josef Neckermann KG, Frankfurt 1958-1961. © Georg Polich

modernos confiaron en un público con la mirada más cultivada y el espíritu más abierto que los de quienes se consideraron sus destinatarios canónicos.

Todos los grandes arquitectos del siglo XX han actuado desde un sistema preciso —elástico, aunque no maleable—, capaz de dar cuenta de un sinfín de situaciones diferentes, sin renunciar a que el proyecto contenga —y, por tanto, manifieste— lo específico de cada una de ellas: en contra de lo que en alguna ocasión he leido, lo que caracteriza al gran arquitecto es la capacidad de abordar lo específico sin renunciar a lo genérico.

Valgan las imágenes del Pabellón de la Expo de Bruselas (1958), de Egon Eiermann (1904-1970) [Figs. 11-13], como muestra ejemplar de la mejor arquitectura moderna europea: en efecto, es difícil encontrar una obra que refleje de manera mas sutil los valores de economía, precisión, rigor y universalidad; incluyendo, naturalmente, la de quien propuso estos atributos como los principios del arte nuevo, hace ahora casi noventa años: un joven Ch. E. Jeanneret, en *Après le cubisme* (1918), que —como el lector sabe— despues se hizo famoso con el seudónimo de Le Corbusier (1887-1965).

LO SIMPLE NO SIEMPRE ES CLARO

Alguien definió el arte como una actividad orientada a una progresiva simplificación. Probablemente se refería a la tendencia de la práctica artística a reducir sus objetos a los aspectos esenciales. De todos modos, lo simple no se opone a lo complejo, sino a lo compuesto, y el arte, por definición, procede construyendo, es decir, componiendo estructuras sensitivas a partir de elementos que —estos sí— pueden ser simples como pueden no serlo.

El propósito de esta reflexión es salir al paso de cierta identificación de lo simple con lo bello, es decir, con lo que *está bien*. En efecto, lo que *está bien* —lo bello lo dejo para los filósofos— presenta, entre otros valores, el de la claridad de su constitución, es decir, el de la precisión de las relaciones que vertebran su apariencia. Solo así el observador será capaz de reconocer la configuración interna del objeto —es decir, su forma— a partir de los datos de la experiencia sensitiva; en arquitectura, de la experiencia visual.

No. Lo simple no siempre es claro; o, mejor, lo simple, a menudo, no es más que una de las apariencias que adquiere lo banal. Tomé las fotografías que siguen un domingo de octubre, a las nueve de la mañana: la luz es la que había; los otros aspectos de las imágenes sí que son el resultado de una decisión personal [Figs. 14 y 15].

[14 y 15] Nimes. Maison Carrée y Carré d'Art, de N. Foster

[16 y 17] Le Corbusier, Convento de La Tourette, 1960

CERRADO POR REFORMAS

Si se ha decidido restaurar La Tourette, casi cincuenta años despues de finalizar su construcción es solo porque el material lo requiere, ya que la arquitectura no ha hecho ni una arruga: las cicatrices del hormigón son de nacimiento. Un ejemplo del mejor Le Corbusier, un edificio para la historia, por mucho que ahora se vea compartiendo manual —o serie de television— con *edificios emblemáticos* como el Museo Guggenheim, en Bilbao, y la Torre Agbar, en Barcelona, por citar dos casos muy conocidos.

Porque no solo no se trata del mismo juego, sino que tampoco compiten en la misma liga: La Tourette es una de las obras principales de un tipo que actuaba con *sentido de la forma*; las imagenes asociadas a sus obras representan su íntima constitución, jamas tratan de escamotear con aparato la endeblez de su morfología. Una arquitectura que solo es espectacular en la medida en que es intensa y rigurosa, respecto a la cual la arquitectura del espectaculo es lo que el *sentido de la broma* al *sentido del humor*: lo que diferencia al irónico auténtico del simple bromista.

Es una arquitectura de su siglo, y en esa adecuación reside su universalidad. No es una versión moderna de los conventos con claustro, por mucho que el arquitecto utilizase la imagen para convencer al padre Couturier: quienes se resisten a mirar sin muletas pueden ver en el edificio un cuerpo lineal en suspension, que se repliega sobre sí mismo, protegido por la iglesia, para acortar las distancias. El sentido de su relación con el exterior es diverso, como el conjunto de las dependencias de su programa, pero claro, como la mente que abordo el proyecto.

Parte del cielo y crece hacia abajo, alcanzando la tierra, segun la cota de la ladera, en cada punto.

Las imágenes [Figs. 16-19] tienen mas de treinta años y quisieran ser un contrapunto a las imagenes más tópicas del convento, mostrando un aspecto esencial de su arquitectura, no tan reconocido por los arquitectos de hoy como sería deseable.

[18 y 19] Le Corbusier, Convento de La Tourette, 1960

ECONOMÍA, PRECISIÓN, RIGOR Y UNIVERSALIDAD

La correlación vertiginosa de estos cuatro términos puede sugerir la imagen del frontispicio de la sede de una escuela de administración de empresas o el eslogan de clausura de una convención de comerciales de la línea blanca de electrodomésticos.

No. En realidad es la reducción —cuidadosa, paciente, a fuego lento— del contenido de un texto fundamental de Charles-Édouard Jeanneret y Amédée Ozenfant, publicado en 1918, con el título de *Après le cubisme*: es decir, son los criterios sobre los que se apoyaría el purismo —doctrina pictórica vanguardista que habían elaborado al alimón— y que, a juicio de los autores, iban a caracterizar al arte nuevo.

Claro —pensará más de un lector—, son los atributos de la máquina: en efecto, apliquese tal retahíla de características a un artefacto mecánico - o a la misma producción industrial— y se apreciará concordancia entre las condiciones y el instrumento, proceso o producto. Pero no. El joven Jeanneret —después Le Corbusier— estaba preocupado por su tiempo, pero sabía perfectamente que había valores que lo trascendían: tuvo una formación pictórica ba-

[20] Mies van der Rohe, Oficinas Bacardi en México, 1961

[21 y 22] Mies van der Rohe, Oficinas Bacardi en México, 1961

sada en la reproducción gráfica de elementos de la naturaleza, es decir, de aquellos entes cuya mímesis obliga necesariamente a captar su constitución. Es conocida su sentencia, dicha siendo aún muy joven, «Yo sé cómo es una flor y, quien sabe cómo es una flor, sabe cómo es cualquier cosa», a propósito de su ofrecimiento para proyectarle una casa a uno de sus profesores de dibujo.

La economía, la precisión, el rigor y la universalidad son las condiciones de existencia de los seres vivos: trate el lector de aplicarlos a una simple hoja de árbol y comprobará su adecuación. El joven Jeanneret sabía —ya en 1918— que el tiempo no modifica los criterios universales, sino solo el modo de utilizarlos, la materia en que adquieren cuerpo. Lo cual no quita que, convertido ya en arquitecto, el zarpazo de Dioniso no le hiciera alejarse, en ocasiones, de sus convicciones juveniles.

Es probablemente la obra de Ludwig Mies van der Rohe la que encarna de manera ejemplar las cualidades que, a juicio de su amigo Jeanneret, iban a caracterizar el arte nuevo, porque, en realidad, han caracterizado al arte de todos los tiempos: con su mirada siempre puesta en el horizonte —de lo transcurrido y de lo por venir—, Mies trata de ser fiel a su tiempo poniendo de manifiesto aquello que su tiempo comparte con el resto de los tiempos. El sentido de la historia.

El edificio de oficinas para la empresa Bacardí (1957-1961) [Figs. 20-22], en la ciudad de México, ilustra de manera ejemplar las anteriores reflexiones.

EL EDIFICIO Y EL ENTORNO

El motivo esencial del malentendido que provocó la arquitectura moderna entre los arquitectos y críticos de mediados del siglo xx no fue tanto la cantidad de sus innovaciones como la calidad de las mismas: en efecto, la revolución en la apariencia que supusieron sus primeros productos hizo que los críticos más impresionables hablaran de *tabula rasa*, es decir, de «volver a empezar», sin advertir que no cesó el empeño formal que caracteriza la arquitectura de todos los tiempos, si bien con criterios distintos.

Si en el terreno de la arquitectura los cambios llegaron a tolerarse —acaso por su insignificancia cuantitativa respecto a lo construido previamente—, donde la modernidad se hizo sencillamente insoportable fue en el ámbito de la ciudad: solo desde la idea más escenografica de ciudad se pudo decir que la arquitectura moderna ignoró sus valores. Suelo mencionar el Pepsi-Cola Building (1960), en Nueva York, de SOM, o el vecino Seagram Building, en la misma ciudad, de Mies van der Rohe, como prueba inequívoca de una atención a la ciudad sutil y refinada, sin concesiones populistas ni fantasías alegóricas, más o menos cubiertas por el manto protector del *contextualismo.*

En efecto, bajo esta advocación, a mediados del siglo XX se cometieron las mayores tropelías, con el noble proposito de *continuar* la ciudad tradicional. Es justo reconocer, de todos modos, que no todas las arquitecturas que asumieron explícitamente el problema de la continuidad con los aledaños incurrieron en la mera recuperacion metafórica del estilo histórico o la práctica del remedo estilizado, que se le parece mucho.

El edificio para La Rinascente, en Roma (1957-1961), fue proyectado y dirigido por Franco Albini y Franca Helg, arquitectos que, tanto cultural como generacionalmente, están próximos al grupo de arquitectos que defendió y popularizó la versión más historicista del contextualismo. No obstante, el edificio se refiere a una idea de ciudad que no se agota en la apariencia, y esta concebido con una idea de continuidad que no se reduce a la semejanza. Su arquitectura está entendida como representación de la construcción, no como expresión directa de las imágenes más banales de la memoria. En ello reside, probablemente, su lozana actualidad; a ello se debe que los cincuenta años transcurridos desde sus primeros bocetos hayan pasado sin sentir.

[23] Franco Albini y Franca Helg, La Rinascente, 1957-61

[24] Franco Albini y Franca Helg, La Rinascente, 1957-61

Las fotos proceden de dos visitas separadas por un intervalo de veinticinco años: la posición del sol determinó la del ojo, en un caso, y la posproducción, en otro [Figs. 23 y 24].

SOBRE TIPOS DE EDIFICIOS

El tipo es la característica común de los edificios —o de los zapatos, por poner un caso— que tienen una configuración análoga. En el ámbito de la arquitectura, a lo largo del ciclo histórico del Clasicismo, los manuales han fundado su didáctica en la clasificación tipológica, es decir, en la clasificación de edificios basándose en determinadas características relativas a su organización, construcción y uso. Tal estrategia dio estabilidad al proceso de la forma, de modo que las aportaciones de la experiencia se incorporaron a la práctica del proyecto a través de los tipos arquitectónicos establecidos, auténticas instituciones culturales.

La arquitectura moderna renunció a la autoridad de la tipología clásica por dos motivos: por una parte, debido la escasa adecuación de sus esquemas a los nuevos programas surgidos de la industrialización y, por otra, debido a los cambios en los criterios de forma a que dieron lugar las vanguardias constructivas. Cuestionada la autoridad del tipo, los arquitectos modernos centraron el énfasis en la concepción de un objeto a partir de las condiciones que establece el programa.

**[25] Gordon Bunschaft (SOM),
Chase Manhattan Bank, 1957-61**

**[26 y 27] Gordon Bunschaft (SOM),
Chase Manhattan Bank, 1957-61**

La experiencia de los nuevos edificios, proyectados a partir de programas modernos y con sistemas constructivos tecnificados, generó, de nuevo, arquetipos arquitectónicos que han poblado la mejor arquitectura del siglo XX. Los grandes arquitectos de la modernidad —de Mies van der Rohe a Gordon Bunschaft, de Egon Eiermann a Mario Roberto Álvarez— no han dudado en insistir, una y otra vez, en edificios arquetípicos, sin temor a incurrir en regresión estética, conscientes de que la identidad de cada uno de ellos deriva de la intensidad formal y la solvencia constructiva y funcional con que atienden a las peculiaridades de cada caso.

El recurso moderno a arquetipos no está ya legitimado por su condición cultural de solución canónica, sino simplemente aconsejado por el sentido común; un sentido común análogo al que provocó, en su momento, la clasificación de los objetos en tipos, para facilitar su estudio y simplificar su referencia.

Así las cosas, el quehacer del arquitecto clasicista no sería tan distinto del arquitecto moderno: se trataría, en ambos casos, de *aterrizar el tipo* —o el arquetipo, si no se quiere incurrir en confusión—; es decir, proyectar el ajuste con su emplazamiento particular. En definitiva, el quehacer del arquitecto de todas las épocas: equilibrar lo genérico y lo específico.

Sirva el edificio para el Chase Manhattan Bank (1957-1961) [Figs. 25-27], en Nueva York, de Gordon Bunschaft (SOM), como muestra de la gran arquitectura arquetípica del siglo XX; una arquitectura que sitúa en la calidad y la precisión la componente esencial de su compromiso innovador.

COMPLEJIDAD Y ARQUITECTURA MODERNA

La *arquitectura del espectáculo* no gusta: no gusta a los ciudadanos, quienes, a lo sumo, la reconocen *original* —es decir, inesperada—, lo que, se mire como se mire, no implica un juicio positivo; no gusta a los arquitectos, cuyas radicales descalificaciones de las obras más *emblemáticas*, por lo que se escucha a menudo, no deben obedecer únicamente a unos hipotéticos celos; no gusta a sus propios autores, quienes *en la intimidad* esgrimen, para justificar sus desvaríos, que no pueden escoger el estilo de sus criaturas, si han de mantener sus despachos. Parece que solo interesa —que no gusta— a los críticos que la ensalzan y a los políticos que la promueven, por la notoriedad con que esos cachivaches animan sus anodinas existencias.

De un tiempo a esta parte menudea un argumento que suena a justificación: «La arquitectura moderna, en su afán de pureza, es incapaz de dar cuenta de la complejidad de los programas actuales», o sea: «La arquitectura compleja no les gustará a muchos, pero es necesaria».

Quienes argumentan así —ellos sabrán por qué— ponen de manifiesto que no solo desconocen el fundamento de la arquitectura moderna —ya que

[28 y 29] Mies van der Rohe, Westmount Square, 1965-68

la modernidad es abstracta para ser universal, no por un mero afán de pureza—, sino que ignoran que la universalidad es la única esperanza —si no la garantía— de que el edificio sea, a la vez, consistente, diverso y reversible. La Fábrica Tom's (1961), de Arne Jacobsen, en sus cuarenta y seis años de existencia ha sufrido cuatro veces el cambio de sistema de producción, sin otra alteración en su arquitectura que la práctica de dos orificios de 2 x 2 metros, aproximadamente, en la zona de carga, debido a que el aumento en la producción obliga ahora a cargar en camiones los bombones que cuando se inauguró la factoría sacaban en carretillas.

Se me hiela el sudor cuando imagino la solución que hubiera propuesto cualquier *arquitecto de la complejidad* al programa de la Westmount Square [Figs. 28 y 29], en Montreal, por poner un caso: conocemos la propuesta de Mies van der Rohe (1965-1968) y no parece que, ni la peculiaridad del solar, ni el complejo entramado de comunicaciones subterráneas —y los correspondientes accesos a las mismas—, superaran, en ningún momento, la capacidad ordenadora de su autor; tampoco hay pruebas de que el paso del tiempo haya dejado huella en la arquitectura, siquiera la de una simple arruga.

EL *ESTILILLO* Y LA CIUDAD

Ya saben: hace cincuenta años se abandonaron los criterios de la arquitectura moderna a instancia de la crítica, no por decisión de los arquitectos; la conclusión del Seagram Building —entre otras varias docenas de edificios excelentes— cogió a contrapié a los predicadores de la novedad. No podía tolerarse la sistematización de una arquitectura que había nacido para ser libre, era el argumento más repetido.

Tras cinco décadas de soflamas, titubeos y traspiés, la arquitectura actual que consigue salvarse del *espectáculo* se resuelve entre la desorientación —es injusto llamarle eclecticismo— y el *estilillo internacional*. Sí: estilillo, porque no llega a ser un estilo —se mire como se mire—; internacional, porque su figura no se atiene a lugares. Su espacio idóneo son las proximidades de la sutil frontera que separa lo amable de lo banal.

El Estilo Internacional —como se sabe— no es un estilo en el sentido histórico y normativo del término, sino un modo de concebir, de acuerdo con unos criterios de forma en los que la equivalencia sustituye a la igualdad; el equilibrio, a la simetría y la clasificación a la jerarquía. El aparente parecido entre sus obras reside en la impericia visual de quien lo objeta: es

**[30 y 31] Erik Brandt Dam-Brandt Hell Hansted
Holscher Arkitekter, Jarmers Plads, 1996-97**

[32 y 33] Erik Brandt Dam-Brandt Hell Hansted
Holscher Arkitekter, Jarmers Plads, 1996-97

como considerar que entre Marcel Proust y Gustave Flaubert no hay prácticamente diferencias por el hecho de que ambos escriben en francés.

No así el *estilillo* que comento: no puede considerarse propiamente un estilo —de ahí el diminutivo— sino una acumulación de tópicos figurativos, vagamente modernos. Así las cosas, la idea de arquitectura en que se basa es más capaz de controlar la imagen que de concebir un objeto en términos de forma. Tras cuatro décadas de proyecto como mera propuesta de imagen, la propia noción de orden ha quedado eclipsada por la aparatosidad de intervención.

Tal situación se pone en evidencia en el proyecto de los espacios urbanos, tanto aquellos de entidad propia como los que rodean los edificios: el auténtico estado de la arquitectura se aprecia en las situaciones que requieren un orden consistente, más allá de la gestión estilística.

La Jarmers Plads (1996-1997) [Figs. 30-33], en Copenhague, de Erik Brandt Dam-Brandt Hell Hansted Holscher Arkitekter, es una muestra reciente de una intervención en el espacio público con sentido de la forma que no atiende solo a la consistencia propia de la intervención, sino que refuerza el sentido del edificio al que pone suelo.

NEW YORK, NEW YORK!

Las torres del World Trade Center tenían un interés arquitectónico que trasciende su mera condición icónica, explotada ampliamente en tarjetas postales y folletos de viajes. En efecto, la claridad de su posición, la precisión de su emplazamiento y la tensión entre su textura pétrea y su estructura lígnea, las convertían en el episodio que, al testimoniar la retícula de Manhattan, redimía el desconcierto de un trazado demasiado esclavo del perímetro sur de la isla. La calidad de algunos de los edificios del *downtown* —pienso sobre todo en el trío de SOM— no resulta suficiente para contrarrestar tanto lo azaroso del plan como la banalidad y torpeza posmodernas que se cebaron particularmente en esa zona. La desaparición de las torres ha puesto de manifiesto cierto aire provinciano que adquieren las ciudades verticales cuando no se apoyan en un trazado que las discipline.

Estoy convencido —en eso coincido con el acaudalado Mr. Trump— de que una reconstrucción hubiera sido la solución más razonable —sentimental y arquitectónicamente—, sin necesidad de recurrir al pastiche. La hipótesis de mejorar con los nuevos proyectos el edificio siniestrado parecía improbable,

54

[34] *Downtown*, **Nueva York**

[35 y 36] *Downtown*, Nueva York

a juzgar por los nombres de las estrellas que se barajaron desde el principio.

Mi pérdida de interés por el *downtown* —que irá en aumento a medida que crezcan las *fantasías* con que las autoridades municipales tratan de seducir a los turistas— me hace volver una y otra vez a uno de los episodios de Manhattan que desde mi primera visita más me atrajeron: la zona de las avenidas Quinta y Sexta comprendida entre las calles 47 y 50. En otras palabras, la reverberación formal y plástica del Rockefeller Center en la Avenida de las Américas [Figs. 34-36].

EL *MIRADOR* EN LA CIUDAD

A nadie se le habrá escapado el compromiso con la mirada que encierra el título de la sección de la que me he ocupado en los doce últimos números de *Quaderns d'Arquitectura i Urbanisme*: en efecto, el mirador es un elemento típico de la arquitectura burguesa urbana, pero también se llama así al que mira, convirtiendo la construcción visual en el pilar fundamental de su profesión.

Desde la primera entrega —«Transparencia y *vitromanía*», ¿recuerdan?– planteé mi colaboración en la revista como una discreta reivindicación de la mirada en arquitectura, de un modo similar a como habría reivindicado —con idéntico sentido— el oído en la música. Actitud que tiene su origen en el eclipse de la capacidad de juzgar —de reconocer los valores de la obra de arte— a que condujo una idea banal y tosca de modernidad, lo que a su vez determinó el auge del conceptualismo en arquitectura, a partir de los primeros años sesenta. En arquitectura, pero también en la mayoría de manifestaciones del arte, con un resultado similarmente funesto: en efecto, identificar el concepto conduce la experiencia al dominio del acertijo, separándola de la sensibilidad,

**[37] Proyecto de ordenación urbana
en un municipio del Vallès**

59

[37] Proyecto de ordenación urbana
en un municipio del Vallès

ámbito mucho más incierto y exigente con el sujeto, que ha caracterizado las artes visuales, cuando menos los últimos tres mil años.

Lo cierto es que, tras cuarenta años de conceptualismo más o menos confesado, aunque indefectiblemente practicado por unos y otros, a pesar de la celebración del relativismo —que algunos confunden, a su favor, con la tolerancia y el respeto que merece cualquier ser humano—, determinadas arquitecturas siguen interesando y acaparando elogios y adhesiones, aunque sea en la intimidad.

Me referí a la ciudad moderna, a la torpe —más que injusta— descalificación en que algunos críticos y muchos arquitectos han basado su quehacer editorial y doctrinal durante décadas, en una de mis primeras entregas. Ello me ahorra iniciar de nuevo la reivindicación. Hace unos meses, como comentario a una serie de proyectos urbanos que mostré en una conferencia veraniega, en Narni, un estudiante me preguntó —de buena fe, eso es lo peor— si yo proyectaba ciudades para los seres humanos o para los coches, por la estética de *bloques de cemento* que advertía en mis trabajos. Cuando intenté hurgar en los fundamentos de su creencia acabó confesando que «había oído decir» que ese tipo de ciudades eran inhumanas, aunque en realidad no sabía por qué.

Es claro el sesgo *conceptual* de la convicción del muchacho: posiblemente ni advirtió el cuidado con que los mejores proyectos modernos abordan la urbanidad, correlato urbano de la habitabilidad doméstica. Puesto que él sabía que ese tipo de ciudades son inhumanas, ¿para qué perder el tiempo comprobándolo con la experiencia?, aunque en mi caso la ciudad fuese necesariamente virtual.

También es virtual la experiencia de la ciudad que propongo en esta entrega, culminación y clausura de un ciclo que —cuando menos, para mí— ha resultado satisfactorio: se trata de un proyecto de ordenación urbana en un municipio del Vallès que he propuesto a mis alumnos de PFC y Máster. Como es mi costumbre desde hace unos años, he elaborado mi propuesta con propósitos exclusivamente didácticos, es decir, con el objeto de ejemplificar algunos criterios formales de la ciudad moderna que me parecen importantes, cuya transmisión es irreducible a conceptos, por lo que la propuesta ha de ser necesariamente visual.

Las tres imágenes [Figs. 37-39] que acompañan a esta nota constituyen una apretada selección de las docenas de vistas con cuya elaboración suelo concluir mis proyectos: en efecto, un proyecto —una obra; para el caso es igual— no está acabado hasta que la mirada de alguien reconoce los valores sobre los que el autor basó sus criterios de orden.

Arquitectura, juicio y proyecto

PREMISA

No se debería hablar de arquitectura sin aclarar previamente lo que se entiende por ella: en una situación como la actual, caracterizada por la total falta
de consenso sobre la naturaleza y el sentido del arte,
confiar en el sobreentendido es un modo de fomentar
el malentendido y, por tanto, la confusión; en definitiva, fomentar la ignorancia. La situación se agrava
más aún —si cabe— cuando se habla de *arquitectura
moderna*, el enunciado más equívoco de cuantos pueblan el universo de lo arquitectónico en general.

    La arquitectura es acaso la única actividad hu-
mana que en los últimos cincuenta años no ha producido un saber acumulativo, lo que equivale a decir que
no ha producido saber alguno: ha generado multitud
de doctrinillas, casi siempre simples conjeturas —efí-
meras, por lo toscas— con el propósito de reemplazar
un sistema estético cuyo fundamento y sentido estético eran desconocidos por los objetores. Todos esos
supuestos doctrinales han compartido el propósito de
practicar el proyecto como si se tratase de una acción
espontánea y arbitraria, sin pasado ni otro propósito
que dar pábulo a la *creatividad*. Ello ha provocado la
renuncia a las dos características esenciales de cual-

quier producto artístico: la consistencia formal y el sentido cultural, es decir, histórico.

El abandono de los criterios modernos de proyecto —de la idea de forma que inaugura la modernidad artística— dejó a la arquitectura en un limbo estético, sin otros motivos para actuar que un ansia compulsiva de *originalidad* —entendida como cambio permanente—, que ha culminado en las últimas décadas con la exaltación del mito de la *innovación* como contrapartida estética de la novedad: mito comercial encaminado a peraltar el consumo compulsivo de bienes materiales.

Ello provocó un efecto perverso que arruina la propia idea de arte y, por tanto, de experiencia estética: la sustitución de la idea de calidad por la de novedad. Así desaparece la noción cualitativa de valor estético, sustituida por la cuantitativa de cantidad de sorpresa. El fenómeno que describo supone, a la postre —utilizando un neologismo de ascendencia *adorniana*— una *desartización* de la arquitectura, es decir el desplazamiento de lo arquitectónico de la esfera de lo artístico a la de lo moral o, mejor, de lo costumbrista: la constatación de la novedad que subyace en la idea de originalidad tiene que ver con la costumbre —el hábito—, pero nada que ver con el arte.

La novedad se vincula a la invención y, más todavía, al efecto positivo que la supuesta invención tiene en la conciencia de los espectadores. ¿Te ha gustado? Bueno, es original. Es frecuente escuchar como el espectador de cualquier actividad presuntamente artística asume que la *originalidad* es un valor en sí mismo. O mejor: es el valor esencial del arte.

No habría que insistir en que ambos hechos —invención y sorpresa— no tienen nada que ver con el arte ni con su experiencia. El arte tiene que ver con la construcción de universos —plásticos, sonoros, espaciales— consistentes, capaces de asumir lo peculiar desde una perspectiva universal. Nada de ello tiene que ver con la trasgresión de lo existente como defiende la idea más extendida —la más banal— de modernidad.

Es obligado, al comenzar un discurso de esta naturaleza, definir la idea de arquitectura desde la que se va a hablar. Naturalmente, eso obliga a delimitar con precisión lo que se entiende por modernidad, más allá de las versiones de sobremesa que abundan en escuelas y estanterías.

SOBRE ARQUITECTURA

> «Es la representación de la construcción».
>
> Schelling

> «El juego sabio, correcto y magnífico de los volúmenes bajo la luz».
>
> Le Corbusier

Le Corbusier hace una descripción fenoménica de la obra; para ello, utiliza un sustantivo y tres adjetivos que dan cuenta de la complejidad de lo arquitectónico. *Juego*, en el doble sentido de proceso y resultado del mismo: en efecto, a semejanza del juego, el proyecto tiene unas reglas que controlan unas acciones encaminadas a un final indeterminado, pero no casual; el resultado es imprevisible, aunque no indiferente a las acciones que constituyen el proceso.

Sabio, porque acumula el conocimiento del pasado, cada acción debe contar con todas las que le precedieron: es un juego en el que la conciencia de quien actúa trasciende el propósito de vencer; no se trata de alcanzar el objetivo, puesto que no hay ningún objetivo prefijado por las reglas, sino que el propósito es de naturaleza distinta a la de las reglas observadas. Sabio, porque se da en el cruce de dos tiempos: el actual, que propicia la consistencia, y el histórico, que garantiza el sentido.

Correcto, es decir, que a través del buen uso de las reglas aspira a la perfección del resultado. Un resultado que, además de perseguir la exactitud y la precisión, ha de resultar excelente, admirable: *magnífico*.

La definición de Le Corbusier incorpora muchos de los atributos de la arquitectura, desde el punto de vista de quien la reconoce y disfruta; se trata de la definición de un espectador de arquitectura inteligente y sensible. No abarca, en cambio, los aspectos de la arquitectura que tienen que ver con el proyecto y, por tanto, con la constitución de sus objetos. En efecto, ¿se puede hablar realmente de reglas, a propósito del proyecto? ¿Cómo debe entenderse el término *corrección*? ¿Qué entiende Le Corbusier por *magnífico*?

No trato de enmendar la plana a una de las aproximaciones a la arquitectura más solventes que se conocen, sino aprovechar precisamente los cabos sueltos que tiene la definición para delimitar con precisión el sentido que a mi juicio tiene lo arquitectónico.

* * *

Dos palabras sobre la frase de Schelling: «la arquitectura es la representación de la construcción». Como se ve, Schelling, en una formulación pronunciada seguramente hace dos siglos, trata de definir el estatuto artístico de la arquitectura delimitando su cometido en el universo más amplio de la construcción. No se fija ya en los atributos de la obra —como Le Corbusier— sino que sitúa su campo de acción en el estatuto de la misma respecto a la acción constructiva que disciplina.

No obstante, sería ingenuo pensar que Shelling al hablar de construcción se refiere solo a la técnica constructiva: en efecto, el diccionario vincula el acto de construir a *ordenar y enlazar,* lo que se puede aplicar tanto a materiales como a dependencias y espacios, de modo que la arquitectura representa, por una parte, la construcción física del edificio y, por otra, su construcción espacial.

La frase de Schelling deja claro que la construcción —bien sea en su acepción técnica material, bien en su vertiente organizativa espacial— es la materia de la arquitectura: el objeto sobre el que actúa. La arquitectura no es, por tanto, un sistema de principios y criterios que se aplique a los cuerpos físicos o a los espacios indiscriminadamente, sino que actúa sobre una materia —la construcción— previamente disciplinada por la técnica y sobre la agrupación de espacios previamente ordenados por el uso.

La construcción —de elementos o de espacios— es la materia prima sobre la que el arquitecto actúa para conseguir presentarla de modo que la forma representada tenga una lógica visual que trasciende —sin negarlas— las lógicas de la técnica y del uso. En definitiva, la arquitectura, representa, es decir, presenta de modo distinto, tanto la técnica constructiva como la organización espacial de los edificios.

Ello se consigue mediante dos sistemas, que responden al sistema de la construcción material y al sistema de organización espacial, que han caracterizado todas las arquitecturas de la historia: *los órdenes arquitectónicos* y *los sistemas tipológicos*. Unos órdenes y sistemas que, de modo explícito —en tratados y manuales— o implícito —a través de las convenciones de la tradición— han estimulado y, a la vez, disciplinado la arquitectura, cuanto menos durante los últimos treinta y cinco siglos.

La arquitectura es, pues, el sistema de principios formales y de criterios de proyecto que a lo largo de la historia han representado la construcción, en el sentido más amplio. Se trata de sistemas que han

construido los grandes ciclos estéticos de la historia y
que no pueden confundirse con las vicisitudes estilís-
ticas que han amenizado los distintos períodos. Tales
sistemas han gozado de gran estabilidad histórica y
solo han perdido vigencia cuando la nueva noción de
forma ha sido capaz de asumir las condiciones sociales y técnicas de cada momento.

* * *

Volviendo a la definición de Le Corbusier, es evidente
que el término sabio se puede interpretar como la cualidad que condensa las de culto, educado e inteligente;
es decir, no se trata de un juego espontáneo, ingenuo
ni banal. No es tan obvio, en cambio, el sentido del término correcto: ¿Qué sentido hay que dar a la idea de
perfección en la arquitectura? Immanuel Kant que se
planteó la cuestión con la mayor inteligencia y lucidez,
habla de *finalidad* para describir la consistencia formal
de la obra de arte, es decir, el sistema de las conexiones
que vinculan las partes con el todo y viceversa.

Una finalidad que Kant relaciona con la propia
de las relaciones internas que constituyen los seres
vivos, aunque con la diferencia esencial de que estas
se orientan a un fin concreto, como es garantizar el

funcionamiento de las partes que aseguran la vida, mientras que la finalidad en la obra de arte es una finalidad desinteresada, gratuita, ya que no esta supeditada a ningún criterio que no sea la propia consistencia. En otras palabras, la finalidad de una obra de arquitectura es la propiedad que establece las relaciones entre sus partes, prescindiendo del cometido que las mismas tiene en el funcionamiento práctico de la casa: una escalera esta bien dispuesta si las razones que determinan su posición trascienden su cometido de permitir desplazarse verticalmente.

Inmediatamente, hay que señalar que ello no significa ni permite pensar que para proyectar con criterio artístico hay que prescindir de la función: por el contrario, solo las organizaciones que contemplan la práctica son susceptibles de acceder al dominio de lo arquitectónico, pero teniendo en cuenta que la eficacia *no puntúa* en la calificación estética, por hablar en términos docentes.

La corrección a que se refiere Le Corbusier es una corrección formal, que contiene y trasciende la corrección práctica o funcional, aunque no puede ignorarla ni, mucho menos, contravenirla.

Por último, Le Corbusier habla de juego magnífico —además de sabio y correcto— para señalar que no basta con los atributos anteriores: la arquitectura produce en quien la habita el efecto de lo excelente y admirable. El reconocimiento por parte del habitante o espectador de la sabiduría y corrección con que ha estado proyectada y construida provoca un placer que no tiene que ver con el que produce comprobar la perfección del motor de un automóvil, por ejemplo. El reconocimiento de la formalidad de la arquitectura, es decir, de su condición de objeto estructurado con criterios formales, no produce una mera satisfacción intelectual —como en el caso del automóvil—, sino que provoca en el sujeto de la experiencia un placer estético.

Un placer estético que hay que distinguir del placer sensitivo: mientras que el placer estético es desinteresado, es decir, no mejora la realidad ni las expectativas del espectador, el placer sensitivo satisface el sentido que lo capta; de ahí que cuando un manjar nos gusta, tratemos de comerlo —en ocasiones— más de lo prudente. Sabemos que cuando acabe la ingesta, se detendrá el placer. Esta diferencia se debe a que —como explica Kant con claridad— mientras que el placer sensitivo satisface el sentido que lo capta —en la comida, el sentido del gusto— y ahí se culmina el proceso, en el placer estético intervienen los sentidos como vía de captación y transmisión de la percepción, pero el juicio se lleva a cabo en la interacción de los sentidos con las facultades del conocimiento.

Pero no debe desprenderse de lo dicho que la experiencia estética se diferencia de la sensitiva solo en el hecho de que la razón corrige la impresión de los sentidos: la razón interviene antes de la experiencia, proporcionando las categorías con que actúan los sentidos. Así, se supera el atasco que produce la falsa contradicción entre los sentidos y la razón; así, se aclara el malentendido que tuvo congelada la teoría del conocimiento por los debates estériles entre Racionalismo y Empirismo.

* * *

Las dos definiciones de arquitectura a las que me he referido cubren el ámbito de las cuestiones que plantea tanto el conocimiento teórico como la práctica del proyecto. En efecto, Schelling define de modo preciso el cometido de la arquitectura en el proceso más general de la construcción; un cometido nada obvio, a juzgar por la arquitectura llamada *del espectáculo,* más empeñada en levantar cachivaches incómodos que en construir edificios cuya condición formal asuma sin forcejeos ni coacciones las previsiones del programa.

SOBRE EL JUICIO ESTÉTICO

Esbozadas las características de la obra arquitectónica y su cometido en el universo más amplio de
la construcción, se plantea la siguiente cuestión:
¿Cómo ocurre el reconocimiento de los valores de
la obra por parte de aquellos que no han intervenido
en su concepción y proyecto? En definitiva, se trata
de aclarar como se produce la experiencia de la obra
de arquitectura por sus destinatarios o espectadores,
en general.

He hablado hasta aquí de diversas cualidades
que debe tener cualquier obra de arquitectura —de
arte— para que pueda ser considerada como tal. Resu-
miendo, puede decirse que son: consistencia formal y
sentido histórico. Sin consistencia, una construcción
empeñada en el sentido no sería arquitectura sino
un mero ejercicio declamatorio de espontaneidad;
sin sentido histórico, una construcción ordenada y
coherente no pasa de ser una composición sintác-
tica sin horizonte, levitando en un limbo histórico y
cultural. Hay que tener en cuenta, de todos modos,
que, así como la consistencia es un propósito explícito
del proyecto, la obra adquiere sentido cultural en el
momento mismo en que emerge, con independencia

del propósito de quien la proyectó. El sentido de una obra de arquitectura depende de la orientación que el autor asume al elegir los materiales de proyecto, entendiendo por ello el sistema de principios y criterios con los que actúa.

La experiencia de la obra pasa, pues, necesariamente por el reconocimiento de su consistencia formal y su sentido histórico.

Es evidente que no siempre puede hablarse de esa doble verificación ante una obra de arquitectura, ni de arte, en general: más aún, se puede considerar que en las últimas décadas la experiencia auténtica del arte ha sido reemplazada por un consumo indiscriminado, solo estimulado por los comentarios de una crítica desorientada. Una desorientación que la aboca a militar en el relativismo más escéptico y la predispone a celebrar cualquier propuesta capaz de sorprender sus limitadas expectativas, de modo similar a como se celebra la aparición de un nuevo iPhone. Así, la arquitectura ha tenido que desarrollarse sin horizonte estético, mientras la crítica ha actuado como mera agente comercial de los *nuevos productos*, entregada a la fascinación por *lo nuevo*.

Un rasgo fundamental de la contemporaneidad es la ausencia de cualquier tradición que constituya el marco estético tanto de la arquitectura como del juicio sobre sus obras. El abandono de la modernidad, consumado hace ahora medio siglo, dejó a los arquitectos a merced de cualquiera de las propuestas que con periodicidad decenal han tratado de llenar —sin conseguirlo— el hueco producido por la renuncia al sistema arquitectónico más preciso y riguroso —a la vez que el más versátil y fecundo— de la historia.

No hay posibilidad de juicio sin el marco de un sistema de referencia: no es posible reconocer los valores que se desconocen, ni valorar el grado de calidad de una obra si no es poniéndola en relación con obras similares. No debe extrañar a nadie que sin conciencia de los atributos y en ausencia de convenciones que establecen la forma, se abandonase el criterio de calidad para asumir la *novedad* como criterio de valor. Falsa novedad, orientada a lo *novedoso*, no a lo realmente nuevo, extensión acrítica de un mito comercial que, como se vio, ha sido aplicado con éxito al mercado de bienes de consumo.

El problema de los arquitectos actuales no es solo la falta de criterio con que reconocer la calidad de las obras —lo que es dramático— sino la propia ausencia de la calidad como valor y su reemplazo por la simple celebración de la sorpresa.

Recuperar el horizonte estético del proyecto es el trámite obligado, tanto de arquitectos como de críticos, si se quiere superar la confusión que ha llevado la arquitectura a uno de los niveles más bajos de la historia. No me refiero tanto a la arquitectura de las revistas, compendio de arrogancia, banalidad y grosería, cuanto a la arquitectura profesional, condenada a desarrollarse a bandazos, sin ninguna referencia sólida ni criterio fiable.

SOBRE EL PROYECTO

La ausencia de cualquier tradición en cuyo ámbito tenga sentido hablar de principios y criterios —aquello que los pedantes suelen calificar de disciplina—, es el factor determinante de la práctica desaparición del proyecto en la arquitectura actual. En efecto, lo que tradicionalmente ha constituido el cometido del proyecto —configurar universos dotados de consistencia formal y sentido estético— se resuelve desde hace décadas con la mera administración de tópicos estilísticos, en el mejor de los casos, y con la gestión comercial de mitos figurativos, la mayoría de las veces.

Un hecho que ha favorecido el fenómeno que comento es el desplazamiento de interés desde el dominio de la forma al de la imagen. Pareció que el preocuparse del aspecto de las cosas *humanizaría los proyectos*. Unos proyectos cuya *frialdad y hermetismo* se veía como consecuencia directa por la obsesión por la forma de los arquitectos modernos más radicales.

Ello tuvo el efecto pernicioso de situar el foco en el edificio como objeto del proyecto, abandonando así el ámbito urbano, probablemente por la dificultad de reducir a iconografías atractivas las relaciones formales

81

que inevitablemente aparecen el control visual de la ciudad. Así, arquitectos y profesores han asumido un *edificismo* radical, con la convicción de que el objeto del proyecto es el edificio, entendido como ente autónomo e indiferente a su alrededor: es decir, como un artefacto más seductor que solidario. El hecho de que de vez en cuando, la vertiginosa sustitución de doctrinas saque a relucir el *contextualismo*, no cambia mi diagnóstico; por el contrario, lo refuerza: solo se concibe el llamar la atención sobre los alrededores del edifico cuando se ha generalizado la tendencia a ignorarlos.

Este hecho, unido a la célebre majadería —muy celebrada en ámbitos docentes— de *la hoja en blanco*, es decir, la falta de prejuicios con que debe actuar quien proyecta, contribuyó a generalizar la creencia en la discrecionalidad del edificio, es decir, en que cualquier construcción puede considerarse arquitectura solo con mantenerse en pie y permitir —a veces, con franca dificultad— el desempeño de la actividad para la que se construyó. Libre de cualquier ascendencia arquetípica, una noción de edificio tan relajada y contingente fomentó las extravagancias que muestran los más celebrados inmuebles contemporáneos.

La ausencia de convenciones a la que me he referido hace que se afronte cada extremo del proyecto como si fuera la primera vez que se construye y la única que se va a construir, sin contar con la experiencia del proyectista ni del constructor, ni prever, por tanto, que vaya a tener ninguna incidencia en el futuro. Experiencia de la que no solo se carece, sino que se desprecia, al confundir el prejuicio con la ofuscación que provoca el antojo.

Para nada ha servido la lección de las obras del SOM de Gordon Bunschaft, probablemente el mejor arquitecto del siglo XX, en las que su grado de calidad material y arquitectónica tiene mucho que ver con la humildad e inteligencia que subyace en el uso sistemático de arquetipos constructivos y tipológicos, cuando se trata de condiciones análogas o compatibles.

El progresivo desvanecimiento del proyecto se ha producido paralelamente a la hipertrofia de los documentos que constituyen su referente administrativo: difícilmente se acepta un expediente sin unas cuantas centenas de documentos gráficos y literarios para construir un edificio que hace cincuenta años se construía mejor con solo docena y media, un pliego de condiciones bien montado y una memoria de cuatro folios.

Por otra parte, la patología implícita en lo anterior —el arquitecto es un *constructor de ideas*— se apoya en que la lógica, tanto de la construcción material, como de la construcción tipológica, no tiene ninguna incidencia en el artefacto resultante. La predominancia de *la idea* —confundida casi siempre con una narración banal y caprichosa— lleva a abusar de la técnica y violentar la economía, haciendo del despilfarro el talante habitual del arquitecto estrella.

Pero lo que tienen en común el arquitecto estrella y el simple profesional es que, en realidad, ni uno ni otro proyectan: se limitan a gestionar soluciones consideradas de éxito, dando lugar, en el mejor de los casos, a un estilismo sin causa, tan banal como pretencioso. Las *ideas* del arquitecto profesional son tan triviales como las del arquitecto estrella, menos aparatosas —hay que reconocerlo— aunque con una impericia similar, lo que parece un rasgo característico de la época.

La ausencia de autoría es el correlato de esa falta de proyecto: una falta de identidad que en la arquitectura corriente es irrelevante, pero que en la arquitectura de éxito es clamorosa, en tanto que se muestra al público como una exhibición precisamente de lo contrario: se diría que es fruto de una subjetividad desinhibida, libre y audaz, cuando en realidad es producto de un trabajo en cadena controlado por tantas lógicas como unidades de producción contempla el organigrama de la empresa.

La falta de cultura visual y la prioridad dada al *concepto* —panacea infalible para verificar las propuestas, sin recurrir a la mirada— son las condiciones en que se desarrolla la mayoría de los proyectos recientes. Falta de referencias que —como se vio—, por una parte, abona el relativismo y la desorientación y, por otra, está en la base de una estética de lo grotesco, cuyo grado de generalidad no tiene precedentes. El resultado es —a menudo— el de unos artefactos tan arrogantes como zafios, cuyo valor principal se relaciona con la sorpresa que provocan en una crítica desorientada y en una sociedad perpleja, entregada a lo que venga.

* * *

Es evidente que hay una arquitectura que se aleja de los patrones que describo y que parecería reencarnar ciertos valores de la modernidad. Es una arquitectura que puede verse en hospitales provinciales, centros de enseñanza media y edificios culturales de ciudades intermedias, por citar solo unos edificios en los que el control de los costes no da mucho margen a la *fanta-*

sía y el despilfarro. Es la arquitectura que en muchos casos resulta premiada en concursos de medio pelo. Es la arquitectura que los críticos defienden provisionalmente, hasta que se supere la *crisis*, porque parece mas sencilla y eficiente.

A esa arquitectura dediqué hace una década un texto titulado «El Estilillo Internacional», cuya lectura recomiendo. El título viene a sugerir que es cuanto menos dudoso que hace sesenta años se abandonase el Estilo Internacional, por su *sequedad y hermetismo*, y más de medio siglo después se hagan revivir a algunos de sus rasgos mas superficiales porque los intentos de superarlo durante esas décadas han fracasado en su propósito. Se trata, como digo, en la mayoría de los casos, de un mero estilillo, aseado y pudoroso, que se muestra falto de cocción, ya que sucede a medio siglo de desinterés por la gran arquitectura del siglo XX.

Esta arquitectura recurre a lo moderno con más interés en encontrar soluciones que en reconocer criterios, probablemente porque su condición *neo* le permite sentirse liberada de la tradición moderna. Sus practicantes parecen *descubrir* que la arquitectura moderna no estaba nada mal; incluso, que ofrece soluciones para resolver problemas que las arquitecturas que le siguieron no lograron ni vislumbrar.

Ese uso operativo de ciertos tópicos de la arquitectura moderna da un tinte de banalidad a las obras que los incorporan, probablemente porque persiguen más la seducción por la imagen que el reconocimiento de la estructura de su constitución; se orientan más hacia lo vistoso que a lo visual: consiguen atraer el vistazo, pero no aguantan la mirada.

La gran paradoja es que la crítica de *estilismo* —entendido como excesiva preocupación por la forma y su sistematicidad— que determinó la clausura del Estilo Internacional da lugar a una versión ingenua y empobrecida del mismo, cuya añoranza figurativa parece un reconocimiento tardío de la precipitación y ligereza del abandono.

CINCO AXIOMAS SOBRE EL PROYECTO

No puedo concluir este apartado sin hacer referencia, aunque sea de manera breve y esquemática, a mis convicciones teóricas sobre la arquitectura como el marco de referencia de algunos axiomas sobre el proyecto. Unos axiomas que son el resultado de cincuenta años de práctica de la arquitectura dedicados con intensidad similar al proyecto, a la reflexión y a la docencia.

Axiomas porque no necesitan argumentación: no son la consecuencia de una conclusión teórica, sino el resultado de mi experiencia arquitectónica, es decir, en la reflexión, en el proyecto y en la docencia.

Axiomas que sistematizan las ideas expuestas hasta ahora, con miras a proporcionar un horizonte para el proyecto contemporáneo. Reproduzco casi literalmente un texto elaborado hace casi una década para glosar los axiomas que comento.

1. La arquitectura es la representación de la construcción

La construcción está tomada aquí en un doble sentido: material y formal. En realidad, la arquitectura contempla la lógica de la construcción material como una perspectiva sistemática que trasciende las puras normas técnicas. Una perspectiva que se basa en la consideración de una lógica distinta, compatible con la de la técnica, pero irreducible a ella: la lógica de la construcción de la forma como un todo.

Construcción material y construcción formal son, así, las dos caras de la actividad constructiva, es decir, ordenar y conjuntar realidades materiales y visuales. El proyecto arquitectónico ordena y enlaza elementos físicos que el espectador aprecia como realidades visuales, dotadas de sentido y consistencia, es decir, que no son indiferentes al ámbito físico y cultural en el que emergen, por una parte, y están vertebradas por relaciones de finalidad precisas y estables, por otra.

La manifestación visual de la tensión entre esas dos lógicas constructivas que convergen en la obra arquitectónica define su cualidad formal, cualidad que tiene que ver con su identidad como objeto genuino.

2. La actividad ordenadora del arquitecto se basa en la capacidad constructiva de la visión, no en su habilidad para materializar conceptos

Todo ello en un proceso que naturalmente concierne al intelecto: al principio, en la elaboración de categorías que orientan la visión del arquitecto; después, en la interacción con la vista para reconocer los atributos formales de la obra considerada. Un proceso que —por el contrario— no empieza por el concepto, como es habitual leer en los discursos teóricos y críticos: el proceso va de la visión a la razón, no desde la razón a la forma.

No es posible continuar creyendo que la intelección visual de la arquitectura —del arte, en general— excluye la razón: ese error teórico produce una regresión epistemológica hasta tiempos anteriores a Immanuel Kant, cuando estaba generalizada la creencia de que el conocimiento era posible, o bien solo con la razón, o bien solo a través de la experiencia de los sentidos. Después de Kant es sabido que todo conocimiento es producido por la experiencia, pero que no hay experiencia sin la existencia previa de categorías de naturaleza racional.

3. La forma es la manifestación sensitiva de la configuración interna de la obra

La forma no puede reducirse a la figura o la imagen, como habitualmente se hace: la forma —en el sentido en que se usa en arte— es un concepto estético relacionado con la capacidad del sujeto de reconocer a través de la visión la configuración esencial de la obra de arte: un árbol no tiene forma; la forma es la característica básica de la representación que el pintor hace de ese árbol. Sabemos que si ese cuadro es realmente una obra de arte si, además de captar y representar determinadas características de ese *árbol concreto*, el cuadro representa los atributos esenciales del *árbol en general*.

La confusión entre la forma y la figura, en que la crítica ligera incurre habitualmente, ha conducido la arquitectura al campo de la figuración y la imaginación. Ello ha determinado el abandono de su condición esencial de actividad orientada a la construcción visual de nuevos objetos o universos urbanos.

La forma es, pues, una entidad reconocible por la mirada, lo que le confiere una dimensión subjetiva, que no puede ser confundida ni con la inmediatez de la figura —imagen directa de la realidad— ni con la metafísica de unos conceptos inaccesibles a los sentidos. El encuentro entre el arquetipo formal y las condiciones peculiares de cada caso se produce en el ámbito de la forma y provoca un sistema de relaciones que confiere identidad al edificio.

El proyecto no consiste pues en «poner paredes al programa» de modo que habría tantos edificios como demandas funcionales. Esta idea tiene su origen en una interpretación banal del *funcionalismo* y —por qué no decirlo— en la propia inoportunidad del término para definir la arquitectura moderna que generalizó el mito de la «transparencia de la función». La creencia que comento se basa en la ficción de que el buen arquitecto «satisface los requisitos del programa sin práctica intervención de prejuicios formales». Así, el formalismo ha sido visto como la instancia que pervirtió la modernidad arquitectónica, de modo que la asunción de sus principios por parte de los arquitectos sería la causa —en opinión de los críticos— que determinó el fracaso y correspondiente eclipse de la arquitectura moderna, ocurrido a lo largo de los años sesenta del siglo XX.

La creencia en que «la forma sigue a la función» abrió las puertas al abandono de la idea de edificio, considerado un constructo estructurado con criterios de consistencia formal, y se reemplazó por una noción vaporosa que seguía usando el mismo nombre, pero renuncia a la disciplina formal para entenderse sobre todo como una solución inmediata al programa. En las últimas décadas, una especie nueva de artefactos deformes y banales ha tratado de reemplazar a la idea *clásica* de edificio, sin otro requisito que causar impacto en quien lo observa o habita.

Con un desprecio irresponsable a todo lo anterior —ya saben: la hoja en blanco— muchos arquitectos que confunden la notoriedad con el talento se lanzan a «crear edificios emblemáticos» sin otro criterio que atender al programa todo lo que permitan las vicisitudes de su estado de ánimo. Ya se sabe: lo primero es la expresión; en eso residiría la dimensión artística de sus obras.

El edificio —de cualquier época— adquiere su identidad específica al abordar un problema concreto desde un marco formal genérico, universal, de modo que sin renunciar a la forma —por el contrario, intensificando su acción en el proyecto— da cuenta precisa de las circunstancias peculiares de cada caso.

En este punto aparece uno de los conceptos básicos de la arquitectura de todos los tiempos: la identidad. Una identidad que en la arquitectura clasicista

estaba garantizada por la consistencia formal y la plausibilidad social del tipo: el proceso de proyecto llevaba
a cabo la transición desde la identidad genérica del tipo
a la identidad específica del edificio. En la arquitectura
moderna, en cambio, la identidad no está garantizada
por ninguna instancia previa, sino que debe adquirirse
a través del proceso de construcción formal basado en
criterios que aspiran a la universalidad, pero de modo
que el orden del objeto debe asumir las condiciones y
requisitos económicos, técnicos, sociales y funcionales
que afectan a la obra arquitectónica.

4. La materia prima de la arquitectura es la arquitectura misma

Así, los que proyectan no se nutren de ideas, como
muchos críticos y la mayoría de arquitectos han
creído durante cincuenta años: un arquitecto no es
un *constructor de conceptos*, como se suele leer en las
revistas de arquitectura que se consideran más inte-
lectuales. La creencia perversa según la cual la arquitectura puede ser reinventada cada día, o mejor, la
posibilidad de renunciar a la experiencia está en el
origen de la patología que comento.

En cambio, la experiencia de la historia y el sentido común corroboran mi axioma: la arquitectura existente no solo ofrece elementos concretos que podemos utilizar en el proyecto, sino que —sobre todo— sugiere criterios de orden que pueden estar en la base de resultados actuales totalmente distintos de la arquitectura de referencia. No me refiero, pues, al pasado como archivo de soluciones, sino como fuente de criterios esenciales que, en la medida que responden a principios básicos de la forma, trascienden las épocas y las culturas.

No solo en arquitectura, sino en otras artes, la noción de material es un elemento esencial de la concepción y elaboración de sus obras: en música, donde la naturaleza abstracta de su sustancia aumenta su disciplina formal, es frecuente que una nueva composición tome como punto de partida materiales de otros autores —o del mismo, procedentes de obras anteriores—, lo que, sin embargo, no crea ninguna duda sobre la identidad, originalidad y autoría de la nueva composición. El *Concierto para cuatro claves*, de J. S. Bach es una escrupulosa trascripción del *Concierto para cuatro violines* de A. Vivaldi: su calidad y originalidad no ha sido discutida jamás, y nadie ha dudado nunca de la autoría del Cantor de Leipzig.

Pero la conciencia del material no es gratuita: obliga al arquitecto a distinguirlo claramente de la forma que lo va a ordenar y, además, le crea una notable responsabilidad. Ni la calidad del material garantiza el valor de la obra en que se incluye, ni quien lo utiliza puede hacer abstracción de lo que parte. No hay ningún motivo por el que un proyecto pueda ser de menor calidad que los materiales que utiliza en su elaboración: cuando menos, debería ser de calidad similar, para que el uso no se convirtiera en un abuso propio de un simple imitador. El *Concierto para cuatro claves* no es un abuso del material de Vivaldi, motivado por la pereza o falta de inspiración de Bach, sino una obra musical nueva y distinta de la que usa como material: por supuesto, de ningún modo inferior a ella.

La reciente fortuna que ha adquirido la noción de «investigación en arquitectura» es la muestra evidente del desconocimiento del axioma que comento: en efecto, la desazón que produce el desconcierto que reina desde hace cincuenta años ha empujado a arquitectos y estudiosos a emular a los científicos e iniciar una campaña investigadora para encontrar elementos nuevos y criterios para el proyecto hasta ahora desconocidos.

Estoy convencido de que el único objeto de investigación arquitectónica relevante durante la segunda mitad del siglo XX ha sido la pregunta por el sentido estético de la arquitectura moderna. No se trata, por tanto, de buscar algo nuevo, sino de identificar el sentido de lo que existe. La cuestión esencial no es *buscar* criterios nuevos de proyecto, sino *descubrir* —en sentido genuino— el sentido auténtico de la idea moderna de forma, lejos de cualquier funcionalismo banal y todo estilismo cosmético. Descubrir, en el sentido de eliminar la costra de tópicos que oculta la naturaleza de la idea moderna de forma y pervierte, por tanto, los criterios de proyecto.

En arquitectura, no encuentra quien más busca, sino quien descubre el sentido de lo que la historia pasada y reciente ha legado y la precipitación de los críticos y la desorientación de los arquitectos ha relegado a los anaqueles.

5. La competencia para proyectar puede adquirirse —sobre todo— reconstruyendo obras de arquitectura ejemplares

Esto ocurre de un modo análogo a lo que sucede en pintura o literatura, para mencionar solo dos prácticas artísticas bien distintas entre sí. No creo que sea necesario argumentar algo que es evidente, ya que no solo es razonable, sino que está avalado por la experiencia de más de treinta siglos de historia de la arquitectura.

La *enseñanza creativa* —uso un enunciado ridículo para describir la enseñanza de proyectos habitual— ha mostrado sobradamente la inconsistencia de su principio esencial: «el papel en blanco» es la frase preferida por los *profesores creativos* y la propia creencia en la verdad de ese enunciado es una muestra de su ligereza e irresponsabilidad. Ello supone creer que la capacidad para ordenar el mundo físico es una habilidad innata del ser humano: en realidad, el rechazo de la experiencia que significa partir de un *papel en blanco* —sin antecedentes, ni historia— supone contar con una capacidad original para ordenar y construir el espacio habitable.

Naturalmente, en ese tipo de enseñanza, a falta de competencia visual para reconocer los atributos del proyecto, el criterio de calidad es vagamente conceptual, es decir, basta con que la propuesta venga acompañada por una «narración medianamente inteligible» para que no haya duda sobre el interés del proyecto.

6. Corolario

De lo anterior se desprende que el proyecto no se puede entender como «la solución a un problema», aunque en ocasiones un buen proyecto sea capaz de resolver un apuro. No; quien proyecta no puede enfrentarse a su tarea con la mentalidad de un inventor que busca una solución ingeniosa para resolver un problema específico, sino como aquel que, comprometido con el tiempo, actúa con la conciencia de los edificios análogos que le precedieron. En definitiva, como aquel que sabe lo que hay que hacer y sabe cómo hacerlo.

El mito de «encontrar la solución» aboca el proyecto a disponer de recursos para resolver el expediente, de modo que se considera buen arquitecto a quien cuenta con una nómina amplia de *soluciones*. El hecho de proyectar se reduce a la gestión de recursos aprendidos, que no responden generalmente a un sistema coherente.

Proyectar es encontrar criterios para describir edificios o, mejor dicho, episodios constructivos habitables, dotados de sentido cultural y consistencia formal. El proyecto tiene más que ver con el descubrir que con el inventar, es decir, se orienta más a encontrar critério para construir un artefacto solvente, descubriendo los modos de actuar de la película invisible que pervierte su sentido, que a fantasear sobre soluciones a problemas inexistentes sin conocer el objetivo auténtico del trabajo.

No; proyectar un edificio no es un problema que hay que resolver, sino una propuesta que hay que ordenar, disponiendo de los materiales físicos y formales que el momento histórico pone a disposición del arquitecto. La idea del mundo que tiene el arquitecto se pone de manifiesto en la selección de tales materiales y en el modo de usarlos en el proyecto.

Entre los materiales se cuenta —¿cómo no?— toda la arquitectura existente, auténtico marco de referencia remoto de la acción de proyectar. Una arquitectura que reaparece siempre nueva, por cuanto se perpetúa en los arquetipos que la soportan. He dicho más arriba que «el encuentro entre el arquetipo formal y las condiciones peculiares de cada caso se produce en el ámbito de la forma y provoca un sis-

tema de relaciones que confiere identidad al edificio».
Una identidad que atiende a lo genuino, no a lo novedoso, más o menos sorprendente. Tal identidad se
apoya en formas que con el tiempo se convierten en
arquetípicas, por su versatilidad y fecundidad, lo que
garantiza su vigencia permanente.

* * *

Estos cinco axiomas están —como se ve— estrecha-
mente relacionados: cualquier comentario sobre
uno de ellos concierne necesariamente a los restan-
tes: de ahí la evidencia del corolario a que conducen.
De hecho, todos ellos tienen que ver con los asuntos
esenciales que rodean la práctica del proyecto y la
enseñanza del mismo. Responden algunas cuestiones
que yo mismo me he planteado hace mucho tiempo,
ya que ni las *teorías* habituales ni las convenciones del
sentido común habían sido capaces de responder.
Unas cuestiones que son absolutamente relevantes
para abordar el proyecto de arquitectura con conciencia de mi propia actividad y sentido de la historia.

He dicho al principio que estas sentencias, precisamente por su carácter axiomático, no necesitan
demostración, ya que son producto de la experiencia,
de mi experiencia. En ese sentido, mi discurso es teo-

ría en sentido fuerte, según la idea de teoría que he definido más arriba: la teoría no es buena o mala, sino que solo puede ser verificada por su capacidad para explicar algún fenómeno mejor que otros intentos teóricos que lo han intentado anteriormente.

La esperanza de que esta teoría ayude a los demás depende de la medida en que mis respuestas conciernan a problemas universales que han podido plantearse los otros, arquitectos o no, que intentan tener una autentica experiencia arquitectónica, o mejor, que tratan de adquirir criterios de juicio para reconocer los valores auténticos de la arquitectura auténtica y, en ese momento, sentir el placer que proporciona la experiencia del arte.

EPÍLOGO

En pocas palabras, puede decirse que la situación de la arquitectura en la actualidad se debe a una triple renuncia, producida a finales de los años cincuenta del siglo pasado: renuncia a los criterios de forma moderna, renuncia a la técnica y renuncia a la visualidad. En realidad, la segunda y la tercera son correlativas de la primera y principal.

El abandono de la modernidad deja a la arquitectura —como se ha visto— sin horizonte estético y, a la vez, sin materiales con que afrontar el proyecto: en otras palabras, sin propósito y sin medios para alcanzarlo. Esta anómala situación permite entender la cantidad y la *calidad* de doctrinas que menudearon a lo largo de la segunda mitad del siglo XX, con el propósito de reemplazar una modernidad *superada*, según calificaron los críticos más impacientes.

La necesidad de ampliar el ámbito estético del Estilo Internacional llevó a los arquitectos más *inquietos* a forzar la técnica o, mejor, a prescindir de la misma, a la hora de concebir sus artefactos. Abandonar la técnica es centrarse en la faceta expresiva de sus recursos productivos en vez de profundizar en la dimensión constructiva de sus sistemas. El Brutalismo fue la doctrina que, presentándose como superadora de las limitaciones de la modernidad, contribuyó de manera decisiva a su abandono, por cuanto no aportó nada a sus criterios de forma y, en cambio, los ablandó y acabó por desvanecer, en aras de una *narratividad* discrecional y arbitraria.

Los edificios se convirtieron en unos artefactos considerados progresivamente la pura materialización de *ideas*. Unas *ideas* que lejos de tener la universalidad que caracteriza las ideas de verdad, se entendían como meras ocurrencias o conjeturas personales, tanto más valoradas cuanto mas extravagantes. Nunca la arquitectura se alejó mas de su condición de «representación de la construcción» que en los últimos cincuenta años.

La visualidad —por fin—, condición esencial de las artes visuales, debió abolirse como vía de reconocimiento de la consistencia formal de los edificios, porque la propia idea de consistencia formal fue abandonada a favor de la expresión figurativa de supuestos individuales: ningún criterio estético o histórico podía adquirir en el proyecto un peso similar a la manifestación inmediata de la idea. Probablemente, los teóricos de semejante chapuza se amparaban en una lectura precipitada e incompetente de la estética de Hegel.

Así, con ligeras variantes, la obsesión por la novedad acabó —como se ha visto— por sustituir la idea de calidad. Calidad entendida como conjunto de cualidades que identifican una obra artística. Calidad de la que solo tiene sentido hablar si se hace en un marco concreto de principios y criterios.

La ausencia de ese tan deseado sistema durante los últimos cincuenta años que, por fin, suponga la superación real de la arquitectura moderna, aboca a una existencia plagada de sobresaltos, a la espera de qué doctrina de urgencia —o simple conjetura— aderezada con las imágenes *emblemáticas* de rigor, traerán las revistas para el próximo lustro, es decir, esperar los modelos de edificios que *marcan tendencia*. Es el precio de la desorientación en la que viven desde hace décadas arquitectos, profesores y —por supuesto— alumnos. Pero, no crean que tan inestable situación se vive con angustia: por el contrario, unos y otros la han asumido como la condición natural del *artista*: en efecto, la idea más generalizada del arte, la que lo vincula con la *genialidad* —y esta con la arbitrariedad y el desacato— positiva la desorientación y la muestra como un indicio de vitalidad cultural. Así, la «vida en la penumbra» se ha convertido en el rasgo diferencial de arquitectos y *artistas*, en general.

Es evidente que hay una minoría de arquitectos, profesores y estudiantes que no comparten la fascinación por el desconcierto y tratan de encontrar un horizonte estético para su actividad. Esta fatigosa y ardua tarea solo tiene sentido —solo es posible— como compromiso personal, ya que las condiciones culturales y económicas colectivas han cambiado y resultaría demasiado ingenuo creer que el futuro va a deparar una vuelta a la arquitectura. A esa inmensa minoría no le cabe otra opción que el empeño personal en recuperar el sistema formal que aportó la modernidad artística para utilizarlo como marco estético del proyecto.

De todos modos, se trata de un empeño titánico, porque obliga a remar contra corriente, pero, más allá de la dificultad ambiental, el compromiso a que me refiero se enfrenta a otro obstáculo difícil de salvar: la mayoría de los que lo intenten perdió el contacto directo, por razones de edad, con la tradición moderna y solo conoce sus productos como fetiches de jubilados, residuos sentimentales de una época que no ha de volver. En esas condiciones, quien se embarque en un propósito de esta envergadura se ve obligado a realizar un ejercicio de exhumación estética sin conocer con precisión lo que desentierra:

se trata de *recuperar* un modo de concebir, basado en una idea de forma y un modo de ver que lleva más de cincuenta años, no solo en desuso, sino también como objeto de una irresponsable campaña de desprestigio promovida y orquestada por una crítica que jamás los entendió.

Arquitectura
del proyecto

PREÁMBULO

1. Insistir en la docencia del proyecto de arquitectura a mi edad puede deberse a una inquebrantable fe en su porvenir, dada su notoria ineficacia en el presente, o bien a un imperativo de responsabilidad histórica, es decir, a la obligación moral de compartir experiencias no por más inusuales, menos fecundas. Vista la ligereza con que se han abierto Escuelas de Arquitectura durante las últimas décadas, y el sentido de su repercusión en el nivel medio profesional, nada aconsejaría perseverar en el benemérito empeño de la enseñanza. Menos aún, cuando en la biografía se acumulan cuarenta y cinco años de docencia de proyectos, como es mi caso. En otras palabras, aunque me vean envuelto en este empeño, no soy un necio obstinado, simplemente, quiero compartir unos cuantos criterios acerca del proyecto tan versátiles como productivos.

No; no soy un ingenuo ni un iluminado: no me empeño en enseñar a proyectar como parte de una cruzada personal para regenerar la estética de nuestras ciudades: ese no parece hoy ser el objetivo de nadie.

He dedicado mi vida intelectual a desvelar el sentido estético de la arquitectura moderna y a argumentar su vigencia. En cuanto a la práctica, estoy empeñado en dar continuidad a los criterios de forma modernos a través de mis proyectos.

Es, pues, un impulso de responsabilidad lo que me hace perseverar en la actividad docente: un sistema estético no se agota mientras alguien sea capaz de ponerlo en práctica, con independencia de su grado de eficacia momentánea. El cometido marginal de la poesía en la sociedad actual no impide la existencia de grandes poetas.

2. No creo necesario cursar un máster para advertir la ineficacia actual de la arquitectura, es decir, la irrelevancia de su aportación en la construcción de un mundo ordenado. No porque la arquitectura —su historia— sea incapaz de ofrecer principios y criterios para ello, sino porque los responsables de la construcción han llegado a la conclusión de que los arquitectos son caros y pasados de moda. En efecto, a pesar del esfuerzo de los colegas por ofrecer lo mejor de sí mismos, poniendo a prueba hasta la extenuación el lado creativo de su cerebro, los promotores se sobran y se bastan para llenar el mundo de inmuebles tan banales y toscos como los proyectarían la mayoría de arquitectos, pero mucho más baratos.

No sé si los promotores han llegado a la conclusión de prescindir del proyecto por sí solos o se han visto animados por el creciente grado de desorientación que reina en el mundo de la arquitectura, lo que ha provocado su vertiginosa decadencia, iniciada hace ya varias décadas. Digo prescindir del proyecto como instancia ordenadora, no de los arquitectos, ya que de ellos no pueden prescindir por imperativo legal. Hasta la más burda promoción inmobiliaria tiene, en la mayoría de países, un arquitecto que la legaliza administrativamente.

A este respecto se abre un interrogante básico: si no es la arquitectura la que está en crisis, sino el uso que los profesionales hacen de ella, ¿son los arquitectos, en exclusiva, los responsables del deterioro formal creciente del mundo físico? La hipótesis de que la arquitectura no esté en crisis se apoya en que la perspectiva con que se contempla el pasado —junto con los recursos técnicos de hoy— permitirían construir la mejor arquitectura de la historia.

3. No discutiré la mezquindad y la codicia de muchos promotores, ni la insensibilidad e incultura de muchos políticos, pero a ningún constructor ni político se le hubiera ocurrido irrumpir en las ciudades con la grosería y arrogancia con que muchos arquitectos plantean sus *edificios emblemáticos*. No tanto por sensibilidad cuanto por prudencia, por miedo al ridículo, situación que muchos arquitectos no contemplan porque se esconde en su conciencia tras los mitos de la *innovación* y la *creatividad*.

No quiero que se entienda la anterior consideración como un argumento exculpatorio del resto de agentes de la construcción mundial, sino que trato de neutralizar el repetido argumento de que «no lo hacemos mejor porque los promotores —privados y públicos— no nos lo permiten». No vean en mi postura un ápice de masoquismo, pero no comparto el escamoteo de la responsabilidad de los arquitectos en el progresivo desorden del planeta, con el pretexto de que «la culpa es de los otros».

4. De todos modos, estoy convencido de que los arquitectos no son tan erráticos como puede parecer a primera vista: a menudo veo edificios banales y afectados que permiten adivinar, en cambio, un talento en bruto, capaz de mejores frutos. Se diría que ensayan muecas o repiten chistes malos para hacer gracia, porque nadie les ha dicho antes que no se trata de hacer gracia, sino de proyectar bien; o, mejor, porque les han dicho que el proyectar bien es cosa de resultar graciosos.

No son tan tontos: simplemente, están desorientados. Se han formado en un *relativismo creativo* que tranquiliza los espíritus y propicia la impostura. No conocen el fundamento de lo que manejan, ni saben dónde se dirigen sus acciones, más allá de tratar de agradar a una demanda eternamente insatisfecha, porque tampoco tiene criterios de selección: les han enseñado a valorar lo raro por encima de lo bueno.

No se trata de un problema técnico, no es que muchos arquitectos actuales no sepan *proyectar bien*, sino que no conocen los criterios de bondad, y así es muy difícil llegar a proyectar algo bueno. En esa situación, los concursos adquieren unos peligrosos tintes de farsa: se diría que tratan de escoger *lo mejor*, cuando —todos en general: concursantes y jurados— desconocen la idea de *lo bueno*.

Los arquitectos que acarician la cincuentena se han formado generalmente con profesores que están aquejados del mismo desconcierto que alimenta sus espíritus, que no han tenido otro criterio de valoración que «lo que traen las revistas», y que han tenido que orientar a los alumnos sin estar ellos mismos orientados. De modo que son varias generaciones de arquitectos a la deriva lo que ha provocado la banalidad y desidia que luce la arquitectura desde hace décadas, como digo.

Verán que no estoy refiriéndome a los arquitectos del espectáculo y a sus obras —que, con independencia de su notoriedad, representan una porción insignificante de la nueva construcción— sino a los arquitectos anónimos, aquellos que utilizan sus equívocas habilidades y sus atribuciones profesionales para ganarse la vida. Aquellos que contribuyen con sus obras al aspecto más general de nuestras ciudades.

Las *estrellas*, en este caso, tienen la doble función de, por un lado, propagar la audacia y la desvergüenza entre los arquitectos comunes y, por otro lado, tranquilizarles la conciencia: en efecto, sus obras son una constante y ruidosa proclama de que «ellos tampoco saben ni de dónde vienen, ni dónde van».

ANTECEDENTES

5. El origen de la desorientación que comento no se debe a una pandemia de amnesia, sino que la confusión está determinada por: *a*) la indefinición del cometido profesional y *b*) la falta de un marco de referencia que proporcione criterios para el proyecto. Es decir, no se conoce el objeto del trabajo ni se dispone de recursos para alcanzarlo, lo que convierte la práctica del proyecto en una actividad doblemente irresponsable que se retroalimenta: al no conocer el objetivo, cualquier criterio es bueno; al carecer de criterios, no se alcanza jamás a vislumbrar el objetivo.

El efecto combinado de ambas carencias ha determinado que durante el último medio siglo los arquitectos no han producido un saber acumulativo capaz de controlar el presente y servir de fundamento para el futuro. Tal situación resulta dramática para cualquier actividad, pero es más perversa —si cabe— en el ámbito de la arquitectura que, por definición, se ha desarrollado sobre la experiencia constructiva y el proceso de su representación.

a) Respecto al primer déficit —el cometido del arquitecto—, reconstruir el proceso de destecnificación progresiva de los estudios para insistir en una artisticidad de opereta —que la formación del arquitecto de los últimos cincuenta años ha determinado— nos llevaría a un curso de historia económica y social que cae muy lejos de mi propósito aquí, ahora. Conste, no obstante, el proceso esbozado.

En realidad, parece que la noción de arquitecto que ha triunfado en el mundo está muy lejos de la definición de la arquitectura como «representación de la construcción», donde la construcción es el objeto sobre el que actúa el filtro de la arquitectura. Se diría que el arquitecto actual es un *constructor de conceptos* que sufre la incómoda disciplina que a un cometido tan intelectual imponen las miserias de la construcción material. «¡Incluso con pilares!», me dijo un profesor de proyectos para elogiar un trabajo mío reciente. Su comentario trataba de peraltar el mérito de mi proyecto: en efecto, que mostrase —*incluso*— la estructura era un plus de valor a su eventual claridad conceptual.

De todos modos, de lo que se aprecia al sobrevolar cualquier ciudad con el Google Earth, no parece que la proliferación del *arquitecto artista* en el mundo haya sido un éxito, a tenor las ciudades, en el mejor de los casos, muestran un centro de traza medieval, un ensanche de cariz decimonónico y unas extensiones sin ascendencia ni identidad conocida. La mayoría de las ciudades, a partir de los años sesenta, pierden su nombre y se convierten en universos amorfos, constituidos por episodios inmobiliarios que no responden a otro criterio de orden que el de escatimar escaleras y ascensores y reducir al máximo espacios comunes.

En definitiva, los arquitectos han asumido con albricias una situación cómoda para las administraciones: tener un responsable civil de cada construcción que acepta un cometido subalterno, claramente prescindible, en el crecimiento de las ciudades.

En la construcción de los huecos de los ensanches —solares no edificados o fruto de derribos— se ha puesto de manifiesto que la ciudad continua exige criterios arquitectónicos coherentes; cuando menos, compatibles. Este no es el caso del último medio siglo, donde la intervención en los ensanches se ha hecho con mentalidad de bricolaje, convirtiendo algunos sectores trazados a mediados del siglo XIX en un amasijo inorgánico de construcciones no solo diversas, sino en muchos casos, incompatibles.

Cuando mayor es la escala de la intervención, más difícil es reconocer el cometido ordenador del arquitecto, en contra de lo que parecería razonable. Los criterios de explotación se imponen claramente a los de habitabilidad, limitando el cometido del proyecto a asegurar la accesibilidad a todos los bloques. Las calles se convierten en carreteras, con aceras para peatones.

La sumisión de las masas de arquitectos administrativos, a cambio de la exclusiva de legalizar construcciones, les ha permitido enriquecerse en épocas de expansión, pero tan peculiar cometido, vaciado de cualquier dimensión técnica —y, no digamos, artística— se ha visto superado por la lógica de la construcción masiva: con firma de arquitecto, pero sin ninguna arquitectura que la redima.

El papel de estilista en las prótesis urbanas y la función de testigo mudo en las promociones suburbanas no ha dejado al arquitecto en las mejores condiciones para afrontar las crisis económicas. Tal situación ha relegado la demanda más generalizada a los concursos de poca monta y al proyecto-legalización de segundas residencias —cuando no, reformas de cocinas y baños— para familiares y amigos.

b) La segunda carencia —la falta de un horizonte técnico y estético para el proyecto— se debe a un doble malentendido: en efecto, la actual confusión en que moran con naturalidad los arquitectos es fruto de una idea equivocada del sentido estético de la modernidad.

No es aventurado decir que la modernidad artística es la mayor revolución estética de la historia: en efecto, desde el Renacimiento no ha habido un cambio en los criterios de forma con un calado y trascendencia similares. La magnitud del cambio hizo pensar a sus cronistas que era precisamente la capacidad de cambiar permanentemente lo específico de lo moderno, lo que les hizo centrar el foco en la apariencia de las obras y obviar los cambios esenciales en su estructura formal. Es frecuente leer que la modernidad supuso «un cambio de lenguaje», es decir un modo distinto de decir las mismas cosas, lo que demuestra la falta de lucidez con que la crítica se enfrentó a la nueva arquitectura, creyendo que se trataba de una simple moda, tan notoria como efímera.

La ligereza con que los críticos asumieron el destino de la *revolución constante* acabó haciendo mella en la conciencia de los arquitectos. A pesar de las contradicciones entre la experiencia y sus escritos —en efecto, Mies van der Rohe, a quien no dudaban en ensalzar, se pasó la vida puliendo el mismo proyecto—, la crítica consiguió instaurar la idea de *lo original* como valor. Una acepción de lo original que lo vincula con lo insólito, lo sorprendente.

De ese modo, durante la segunda mitad del siglo XX los críticos estuvieron ocupados en encontrar pretextos y conjeturas pseudoteóricas que tomasen el relevo de una *modernidad superada*. Así, organicismo, realismo, historicismo, brutalismo, inclusivismo, sintacticismo, complejidad y contradicción, *razionalismo*, contextualismo, regionalismo crítico y decostructivismo son algunas de las creencias que han ido ocupando sucesivamente las páginas de la prensa especializada.

En los últimos años, a la vez que se aprecia un dudoso interés por la arquitectura moderna, más motivado por la austeridad a que ha conducido la crisis que por ninguna convicción seria, se ha instituido el *cambio permanente* como categoría definitiva de la *modernidad contemporánea*, ahora amparado con el mito comercial de la innovación: «la arquitectura es emblemática o no existe».

6. En cuanto al sentido estético del cambio, se recurrió a varios tópicos para que la nueva arquitectura alcanzase la plausibilidad de la que gozaba, a pesar de todo, un clasicismo en decadencia: *funcionalidad, racionalidad* y *maquinismo* son los fetiches conceptuales que utilizaron los críticos para explicar una arquitectura cuyo fundamento estético no acababan de entender.

En cuanto a la primera, «form folows function» es la frase que más ha perjudicado a la arquitectura desde que fue pronunciada: no; la forma no sigue —ni se desprende— de la función, sino que la forma contiene la función como parte de su propia consistencia arquitectónica. Una forma que no contenga la función que ordena es un mero ejercicio sintáctico, sin relación alguna con lo arquitectónico. La insistencia con que algunos arquitectos importantes se refirieron a la función se debe a su propósito de encontrar legitimidad objetiva a una arquitectura sin precedentes.

La racionalidad de la que hablan los cronistas de la modernidad tiene su origen en su dificultad para captar el sentido visual de los nuevos edificios: les parecen fríos, impersonales, mecánicos, racionales. El abandono de la mímesis que consumó la arquitectura moderna obligo a la crítica a encontrar referencias plausibles para la nueva imagen. Abandonados tanto la naturaleza abstracta del clasicismo como la naturaleza estilizada del Art Nouveau, la cuestión de la figuración moderna se resolvió con la expresión «estética de la máquina».

Más allá del parecido de algunos edificios modernos con buques de gran tonelaje, la cuestión de la apariencia desenfoca el fundamento de la arquitectura moderna: en efecto, la aportación de la modernidad no se sitúa en el dominio de la figuración, sino en el de la forma.

No se puede hacer una interpretación más apresurada de las soflamas maquinistas de Le Corbusier: la máquina representa en sus escritos un organismo estructurado con criterios de economía, precisión, rigor y universalidad, atributos ajenos a la eventual apariencia que adquiera en cualquier circunstancia.

Quien mira las estrellas, no el dedo que las señala, sabe que más de un siglo antes Emmanuel Kant, en su *Critica del juicio* (1790), propone los seres vivos como referencia para la obra de arte: en efecto, la finalidad de la obra de arte —sistema de relaciones que vincula sus partes— es análoga a la de los seres vivos, con la diferencia de que, en el arte, dicha finalidad no está orientada a un fin exterior a la propia consistencia del objeto y en la naturaleza tiene que ver con la existencia de vida, vino a decir Kant.

En definitiva, los atributos de economía, precisión, rigor y universalidad, que también están implícitos en la máquina, son los valores de la naturaleza que han servido de referencia para el arte de cualquier época.

Lo peor no es la falsedad de estas instancias como determinantes del proyecto —la función, la razón y la máquina—, sino la creencia que fomentan según la cual, a partir de la función, aplicando la razón y la «estética de la máquina», se puede proyectar un edificio *de la nada*. Recuérdese la célebre imagen del «papel en blanco» que usan muchos profesores particularmente entusiastas de la *enseñanza creativa*.

Solo un precipitado se atrevería a hablar del «papel en blanco», haciendo gala de su desprecio de la experiencia o, lo que es peor, de su desconocimiento del pasado: el rechazo a la experiencia es probablemente el efecto más pernicioso de los cronistas de la modernidad, precisamente el que justificó la sarta de creencias infantiles con que se ha tratado de jubilar la arquitectura moderna, a lo largo de los últimos cincuenta años.

Un rechazo de la experiencia que provocó la ilusión de que la arquitectura moderna hace los edificios a medida del programa, sin la mediación de instancias formales previas, lo que supone la instauración de la chapuza del remendón como modo de proceder: es decir, la adecuación sintomática de los edificios a sus programas. No se trataba ya —como había ocurrido a lo largo de la historia— de encontrar arquetipos formales compatibles con el programa al que atienden por su analogía estructural, sino de producir un edificio para cada ocasión, capaz de satisfacer los aspectos contingentes de un programa casi siempre mal formulado.

7. La arquitectura moderna se basa en una nueva idea de forma explorada por las vanguardias pictóricas constructivas: Neoplasticismo, Suprematismo y Purismo: una forma en la que la simetría se cambia por el equilibrio; la unidad, por la cohesión, la coherencia, por la consistencia, y la igualdad, por la equivalencia. Sin renunciar un ápice a la sistematicidad clasicista, la forma moderna ordena sin recurrir a la jerarquía axial, usando la clasificación equilibrada.

No se trata, como se ve, de un mero cambio en la apariencia, provocado por le emergencia de *un nuevo lenguaje,* cuya contingencia convierte en obsoleto en pocos años, sino de un cambio radical en los atributos del orden, cuya trascendencia impide que se agote «en el arco temporal de una vida», como recordaba Colin Rowe en la introducción a *Five Architects* (1972).

Ese cambio radical no supone un cambio en el objetivo de la arquitectura, que continúa siendo «representar la construcción», sino que da más margen de acción al arquitecto, en tanto que amplía el terreno de juego y modifica la acción de las reglas, pero no renuncia al cometido ordenador de la arquitectura histórica; por el contrario, lo incrementa e intensifica.

8. Así las cosas, solo la ignorancia —en una combinación perfecta con una irresponsabilidad sin causa— se atrevió a jubilar la arquitectura moderna a las pocas décadas de sus primeras manifestaciones, precisamente cuando estaba dando sus mejores frutos: los ataques más virulentos contra la forma moderna se dieron durante la construcción del Seagram Building de Mies van der Rohe (1956-58).

Los profesionales de a pie no entendieron jamás la decisión: de hecho, siguieron practicando lo que habían aprendido unos años más, hasta que la presión de los críticos fue insoportable para unos arquitectos adiestrados a usar criterios, no a cuestionar el sentido estético de su abandono.

Hace quince años, hablando con Mario Roberto Álvarez, le mostraba mi admiración por la contundencia con que seguía proyectando con criterios modernos, cuando el mundo de los arquitectos se pirraba por el Brutalismo. «No obstante, tú seguiste fiel a la arquitectura moderna», le dije. «Pero, ¿es que hay otra?», me respondió.

Efectivamente, no hay otra. Pero es difícil que un profesional llegue a esa conclusión, porque no lo han preparado para llegar a ese tipo de conclusiones teóricas: simplemente lo han instruido para aplicar criterios precisos con los que proyectar edificios consistentes. Si cambian los criterios, un buen profesional cambia la respuesta, con independencia del sentido estético de la nueva ley.

Solo los arquitectos que a la solvencia profesional añaden una gran lucidez intuitiva lograron zafarse de la consigna que se generalizó a finales de los años cincuenta del siglo XX: «la modernidad ha muerto».

PROPUESTA

9. Quiero advertir que —como ha sido una constante en mi actividad didáctica— no trataré de proponer una «teoría del proyecto» como instancia operativa: mostraré los criterios con que afronto las distintas situaciones de proyecto, con la esperanza de que las adopte —o, simplemente, se interese por ellas— quien las considere útiles. Así, a menudo recurriré al axioma avalado por la experiencia, más que a la argumentación teórica que deriva de la reflexión.

Lo anterior no significa que renuncio a la reflexión teórica. Recurriré a ella siempre que el desarrollo del proyecto lo aconseje, de modo que la teoría cumpla su cometido auténtico: asistir a quien proyecta cuando el proyecto se encalla.

La teoría no es un sistema de preceptos operativos, como muchos creen, sino la tentativa de responder a través de la reflexión a aquellas cuestiones que el sentido común no es capaz de aclarar. Así las cosas, es muy difícil que las respuestas que uno encuentra a esas cuestiones sirvan para otros que probablemente se plantean preguntas diferentes. En definitiva, la teoría sirve para identificar nudos problemáticos que conviene esclarecer, más que para dar instrucciones útiles para la práctica del proyecto.

A menudo se recurre a la teoría como un ámbito de verdades autónomas, capaz de sobrevivir a cualquier sobresalto que plantee la práctica: así, quienes se dedican a *la teoría* suelen verlo como una alternativa inmaculada de la práctica. No; a eso le llamo práctica discursiva, capaz de desarrollarse con independencia de la arquitectura, como se ha visto en las últimas décadas, pero sin otra incidencia en el proyecto que el efecto negativo de inhibir el juicio.

De todos modos, quien tenga interés en profundizar en algún aspecto puede recurrir a los escritos que constan en mi web, en el apartado de escritos y conferencias. Concretamente, puede resultar útil la lectura atenta del texto «Arquitectura, juicio y proyecto» (2015).

Quiero advertir que mi aproximación a la arquitectura trata de afrontar con seriedad y rigor su condición de sistema artístico que media entre la construcción y la obra. No obstante, la analogía con la música me permite acaso definir mejor mi perspectiva: si, a lo largo de las últimas décadas, se ha asociado el arquitecto con el compositor que *crea de la nada*, sin otro bagaje técnico que su *creatividad*, mi planteamiento relaciona su trabajo con el del intérprete que traduce la música de otros y, al hacerlo, aprende los fundamentos de la propia música desde dentro. Entre los intérpretes —cantantes, instrumentistas o directores de orquesta—, quien se lo propone y tiene talento para llevarlo a cabo, afronta la composición. De modo similar a como entre los buenos traductores literarios suelen salir buenos escritores.

Esta reflexión tiene que ver con la recurrente pregunta sobre si la arquitectura es un arte. En efecto, la confusión de la arquitectura, como sistema estético, con los arquitectos, como gestores y ejecutores, hace plantearse a algunos una cuestión que debería tenerse resuelta en los primeros años de enseñanza media: en efecto, la arquitectura, como sistema que media entre la construcción material y su representación visual es un arte, sin duda alguna. Ahora bien, la arquitectura, entendida en su acepción más banal como el conjunto de los edificios que pueblan la tierra, efectivamente, no tiene nada que ver con el arte.

Así, ¿debemos concluir que la arquitectura es un arte, pero sus productos no son artísticos? Un ejemplo aclarará la aparente paradoja: la medicina es una ciencia y, en cambio, la mayoría de los médicos no pueden considerarse unos científicos, sino

unos profesionales formados en la técnica de salva-
guardar y acaso recuperar la salud, usando recursos
producto de la ciencia. Pues bien, los arquitectos -en
el mejor supuesto- son unos técnicos, formados para
manejar criterios de la arquitectura, sin que ello les
acredite como artistas. Solo en el caso de que su
práctica supere el nivel de la gestión para abordar
la construcción de universos formales dotados de
sentido histórico y consistencia formal —es decir,
afrontar la construcción de obras de arte— se pueden considerar artistas.

Es razonable pensar, por tanto, que es inevitable
pasar por un estadio de práctica técnica, en el que se
gestionan técnicamente criterios propios de un sistema artístico, si se quiere entrar en el dominio de la
práctica artística.

Así han actuado los arquitectos a lo largo de la
historia y no hay motivo para pensar que las cosas
hayan cambiado: por el contrario, la desorientación
y el desconcierto que provoca no disponer de un sistema convencional de criterios fiables debería acentuar la conveniencia de la *interpretación* como paso
previo a la *composición*. Interpretar una arquitectura
existente presupone la acción del juicio sobre que
arquitectura tomar como referencia, es decir, obliga

a reconocer los valores sobre los que asentar el proyecto. Reconstruir la mejor arquitectura del pasado es el mejor modo de sentar las bases para proyectar la arquitectura actual y, así, orientar la arquitectura del futuro.

Bernardo Rossellino fue maestro de obras en la construcción del Palacio Rucellai, con proyecto de Leon Battista Alberti. El papa Pío II —es decir, Enzo Piccolomini— encargó a Rossellino el proyecto y construcción de la Plaza de Pienza, incluyendo la catedral y el palacio. La experiencia acumulada por Rossellino en el Palacio Rucellai le sirvió para introducir pequeños —pero decisivos— cambios en el Palacio Piccolomini que contribuyen a mejorar el proyecto de Alberti. Probablemente, desde entonces, Rossellino fue considerado arquitecto.

10. Los datos de la realidad no revelan un interés por la arquitectura de los que gobiernan la construcción el mundo comparable al que hubo a mediados del siglo pasado, pero, si por un casual la tendencia se revirtiese, ¿con qué arquitectos contarían los nuevos promotores?

Si no se quiere navegar por un limbo ingrávido donde «cualquier viento es bueno, porque no se sabe dónde se va», hay que tener criterios de orden a los que referir las decisiones de proyecto. Sin esos criterios se desconocerá de qué arquitectura del pasado hay que partir para no tener que «descubrir la pólvora» a cada momento. Tales criterios de juicio —es decir, de reconocimiento de los valores de la arquitectura, por tanto, de crítica y de acción— exigen la existencia de un marco estético: no pueden inferirse en cada caso sin aludir a un sistema de valores que les da sentido.

La construcción de un marco como el referido no es tarea fácil; menos aún, en un entorno en el que los arquitectos se han acostumbrado a seguir «lo que traen las revistas», sin preguntarse por el sentido de esas novedades.

Ser profesor en los últimos cincuenta años ha sido una actividad equívoca, por el desamparo en que los docentes han tenido que actuar, pero que —por ese mismo motivo— ha propiciado la impostura. En realidad, tampoco la mayoría de los profesores son tan despistados como algunas veces parecen: la mayoría de ellos han sido víctimas de tener que enseñar algo que, en el fondo, desconocían.

Es evidente, pues, que el problema fundamental para el arquitecto de hoy es la falta de criterios de juicio debido a que no dispone de un sistema de valores que fundamenten tales criterios. Ese marco de referencia, a lo largo de la historia, lo ha suministrado la tradición, es decir, el conjunto sistemático de principios, criterios y formas que una generación transmite y entrega a la siguiente.

En definitiva, el abandono de la tradición clásica que supuso la adopción de la forma moderna fue interpretado por los críticos como la abolición de la idea misma de tradición: sin tradición el arquitecto va a la deriva en un universo ingrávido sin criterios ni referencias.

11. Si —como se ha visto— el problema esencial de la desorientación actual es la ausencia de criterios de juicio que ayuden a la toma de decisiones, el trámite previo es conocer el cometido de la práctica del proyecto, en otras palabras, «saber a qué se juega». Estoy convencido de que el problema esencial de la reflexión teórica de la arquitectura a lo largo de la segunda mitad del siglo XX ha sido la cuestión sobre el sentido estético de la modernidad, es decir, el identificar el horizonte estético de la práctica del proyecto.

En mi caso, como dije, he dedicado los últimos cincuenta años a identificar el sentido auténtico de la arquitectura moderna, no solo a través de la reflexión teórica —aspecto, sin duda, importante de mi actividad—, sino sobre todo por medio del reconocimiento visual de la gran arquitectura de mediados del siglo xx. Así, he conseguido, por una parte, definir el horizonte estético de mi práctica del proyecto y, por otra, adquirir los recursos necesarios para llevarla a cabo.

No ha sido tarea fácil: me ha obligado a vivir contra corriente, pero acompañado por la gran arquitectura moderna —no solo la de los célebres *maestros*—, que he ido descubriendo progresivamente, prescindiendo de los «reyes por un día» que cada década las revistas ensalzaban y elevaban a los altares de la fama.

He ido viendo cómo los famosos del tiempo caían en el olvido a los pocos años de ocupar las revistas, mientras los arquitectos que me interesaban agrandaban su figura con el paso de los años. En definitiva, he ido estableciendo mi propia tradición, lo que me ha permitido actuar con un marco de referencia riquísimo en amplitud y diversidad que da recursos y versatilidad a mis proyectos.

Me he decidido a contar, para esta ocasión, las carpetas de mi archivo de arquitectos de cabecera y mi sorpresa ha sido que, lejos de los setenta u ochenta que suponía que la integran, mi archivo está compuesto por más de 150 entradas, dentro de cada una de las cuales hay varias docenas de carpetas, dedicadas cada una a una obra en exclusiva. Todo este archivo se compone de varios cientos de miles de imágenes perfectamente catalogadas, a las que puedo acceder en segundos.

Doy este dato porque de un tipo exigente como yo cabría esperar un iconostasio de media docena de admirados, a lo sumo. «A usted no le interesa casi nadie, ¿no?», me han dicho alumnos y amigos, en ocasiones. «Ya ven: más de 150 arquitectos de quienes he aprendido algo. Dudo que, en una hora, todos ustedes juntos, incluso usando revistas del momento, lograsen reunir una cifra parecida», les respondí, en una ocasión. Es evidente que la edad juega a mi favor, pero también la amplitud que da a mi mirada el actuar más con criterios que con notoriedades.

Hace casi veinte años, un buen amigo, que me ayudaba a compaginar *Curso básico de proyectos* (1998), me dijo: «Tienes curiosidad por saber los años a que pertenecen las imágenes con que ilustras el libro. Me he entretenido en anotarlos: ochenta por ciento corresponden a los años cincuenta y sesenta, trece por ciento son anteriores a esos años y solo siete por ciento se acabaron en los años setenta o posteriores».

Esbocé una sonrisa de sosiego, y se me debió iluminar el rostro de alegría: era la prueba de que mi mirada seguía en forma: se trataba de imágenes escogidas por su calidad, sin que conociera en la mayoría de los casos a que arquitecto pertenecían; solo recordaba —eso sí— la ciudad donde las tomé. Me tranquilizó el hecho de que mis actos respondieran perfectamente a mis preferencias.

12. Bien, pero, ¿cómo se aprenden esos criterios de juicio?, preguntará alguno. La mayoría de arquitectos de los que usted habla no debieron escribir en su vida. Efectivamente, no debieron escribir y, si lo hicieron, desconozco sus textos: me han interesado sobre todo por sus proyectos arquitectónicos. A estas alturas de mi confesión, habrán advertido que aprendo a través de la mirada atenta de sus obras. O, mejor, de la mirada lúcida de las fotos de sus obras.

Aunque sea solo un breve excurso, quiero dejar constancia de mi agradecimiento entusiasta a los fotógrafos de «las décadas prodigiosas» —años cincuenta y sesenta del siglo xx— por su labor inestimable de transmisión de los valores formales de la arquitectura moderna. A menudo, los grandes fotógrafos —desde Francesc Català Roca hasta Ezra Stoller o Julius Shulman, por hablar de tres muy conocidos— supieron captar los valores formales de la arquitectura moderna porque disponían de una mirada cultivada y atenta a los criterios formales de la modernidad. Unos valores y criterios que, si bien aparecieron en la pintura, la arquitectura fue su principal beneficiaria.

Acaso sorprenda lo que digo a quienes se han formado en un conceptualismo miope, a falta de otras instancias de verificación del proyecto. El abandono de cualquier horizonte estético que suministre los criterios de juicio provocó, a mediados de los años sesenta, una obsesión por *la idea* o *el concepto* —*el partido*, dicen en el cono sur— como elemento legalizador del proyecto. «Si un edificio responde a la idea que el arquitecto se planteó al comienzo, puede considerarse adecuado el proyecto que lo describe»: sobre esa creencia se ha basado gran parte de la peor arquitectura del último medio siglo.

El mito del *concepto* venía a resolver la orfandad estética en que proyecta quien no dispone de un sistema al que referir las decisiones, con un costo altísimo: la renuncia a la visualidad como vía por la que se reconoce la forma arquitectónica. De ese modo, esta ficción ha eliminado la visualidad del horizonte de los arquitectos y ha instaurado una incultura visual que tiene mucho que ver con el *feísmo* y el gusto por la malformación que menudea en la arquitectura actual.

Reivindicar la visualidad en arquitectura es como reivindicar la sonoridad de la música, una obviedad innecesaria. Los hay que se pirran por leer partituras: es una distracción inocua, pero tiene poco que ver con la gratificación estética que deriva de la audición de la música. A quien actúa así, en el mejor de los casos, le basta con *entender* los criterios de composición de la obra. En muchas ocasiones, se siente recompensado con descubrir los pasajes que el director ha suprimido o alterado.

No se trata, en cambio, de «mirar para reproducir», aunque la mayoría de las veces sería mejor una copia competente que una interpretación equivocada. La mirada cultivada trata de ver en lo peculiar principios universales que trasciendan el caso que se observa; en definitiva, el que sabe mirar convierte las soluciones en criterios. Así, la arquitectura del pasado no se reduce a un mero repertorio de recursos concretos, sino que se asume como fuente de criterios genéricos que darán lugar a arquitecturas siempre renovadas.

13. «En arte, solo lo mejor es aceptable»: esa ha sido la máxima que ha marcado desde siempre mi relación con la arquitectura. En consecuencia, he apuntado siempre a la excelencia, tanto en mis proyectos como en sus referencias, distinguiendo perfectamente entre la actualidad y la vigencia: no me ha preocupado centrar mi interés en arquitectura del pasado inmediato, convencido de su vigor, por encima de la arquitectura más celebrada del presente.

Podría decirse que en mis preferencias he atendido más a la historia —en el sentido riguroso del término— que a la crónica periodística de la actualidad.

«Pero esa arquitectura de la que usted habla es de hace cincuenta años», pensará más de uno. Efectivamente: por eso he dedicado mis proyectos a recuperar la continuidad con esa arquitectura, interrumpida por el irresponsable abandono de sus criterios de orden. Mis esfuerzos se han encaminado a proveerme de una tradición que la crítica anuló, convencido de que la historia no se cambia con simples decretos.

Digo continuidad, lo que significa proceso, no repetición o pastiche: no le costará esfuerzo al espectador con la mirada cultivada identificar los elementos que dan historicidad a mis proyectos, más allá de la localización histórica de sus referencias.

14. «La forma no es el objeto de la arquitectura, sino que es su inevitable resultado». Esta sentencia de Mies van der Rohe ha servido para argumentar lo contrario de lo que intentaba decir: se ha interpretado como que la forma es el resultado inevitable de la atención a la utilidad, cuando trataba de decir que aun cuando lo esencial del edificio no es la forma, la concreción física del inmueble no puede sustraerse de criterios formales.

La diferencia fundamental entre la obra de los arquitectos de hace medio siglo en que baso mi arquitectura y mis proyectos es que yo parto de que «la forma no es pecado». Hace años, titulé un libro *El formalismo esencial de la arquitectura moderna* (2008). La idea que transmite el título da muestra de la perspectiva con que afronto el proyecto y mi convicción acerca de una noción de modernidad que los profesionales de los años cincuenta no se atrevieron ni a pensar.

No solo la experiencia del tiempo pasado, sino —sobre todo— la diferente perspectiva con que afronto el proyecto, marcan los momentos distintos del proceso histórico en que se encuentra mi arquitectura y sus referencias.

Por tanto, no sé si peco de inmodesto al decir que mi arquitectura trata de recuperar la tradición moderna —interrumpida, como se sabe, a mediados de los años sesenta— mediante la compresión en una década del proceso reprimido durante más de medio siglo. No es que proyecte como en los años cincuenta, sino que trato de proyectar como se proyectaría en la actualidad, si no se hubiera interrumpido el modo moderno de proyectar.

15. Una de las ligerezas que ha propagado la idea banal de modernidad (funcionalista-racionalista-maquinista) a la que me he referido antes es el propósito de hacer el edificio a medida del programa, entendiendo programa en sentido amplio. Es decir, la intención candorosa de concebir un edificio para cada ocasión, de modo que el proyecto del edificio como universo autónomo y espontáneo se convierte en el objetivo esencial de la práctica de la arquitectura.

Esa es la creencia que está en la base de unos artefactos banales y toscos, que no llegaron a ser edificios, cuya cualidad fundamental —en el mejor de los casos— es responder una a una a las exigencias del programa. Cachivaches deformes e insolidarios, incapaces de compartir el espacio con edificios existentes o futuros, porque no están concebidos para trascender su propia desgracia.

16. Los primeros edificios modernos tuvieron que afrontar programas desconocidos hasta entonces, lo que probablemente, en ese momento, justificó la obsesión por el «edificio original y autónomo» que comento.

No obstante, el paso del tiempo contribuyó a instituir los programas, de modo que se convirtieron en habituales los edificios que un par de décadas antes constituían novedad. Por otra parte, al profundizar en los atributos de la idea moderna de forma, los arquitectos llegaron a la conclusión de que la abolición de los tipos neoclásicos sobre la que se funda la primera arquitectura moderna no presupone la abolición del recurso a arquetipos formales que están en la base de los grandes edificios de la historia: tanto edificios clásicos como modernos.

A finales de los años sesenta, Alan Colquhoun publicó un artículo fundamental titulado «Typology and Design Method» (*Perspecta,* vol. 12, 1969), en el que argumenta la inevitabilidad de la conciencia tipológica, en pleno auge de los «métodos científicos de proyecto».

Gordon Bunschaft llevo la arquitectura de SOM a la cima de calidad del siglo XX, repitiendo edificios casi literalmente, cuando las condiciones lo permitían, y, en todo caso, usando arquetipos formales para afrontar problemas análogos.

Hablo de repetir edificios y de usar arquetipos formales: ni uno ni otro supuesto entra dentro de lo que se conoce como tipología clasicista. Repetir edificios es tomar uno de ellos como modelo de otros que responden a circunstancias similares, con un mínimo de variaciones irrelevantes que determinan las respectivas localizaciones.

Usar arquetipos formales es reconocer que, si se profundiza en las relaciones básicas en que se basa la forma moderna, se llega a la conclusión de que solo dos o tres relaciones tienen la dimensión universal que les permite trascender cada caso particular en el que se utilizan: paralelismo, deslizamiento y perpendicularidad son probablemente las tres grandes estructuras formales sobre las que se ha elaborado la gran arquitectura de la historia; naturalmente, también la moderna.

Pues bien, la perspectiva con que desde la actualidad se contempla la arquitectura de las grandes décadas —años cincuenta y sesenta— permite identificar los criterios con que actuaban sus autores: la repetición —literal o analógica— de edificios es la práctica más extendida. No hace falta recurrir a la obra de

Mies van der Rohe —que insistió prácticamente toda su vida en el mismo edificio— para constatar el peso de la experiencia en su modo de proceder.

Esa misma distancia temporal e histórica permite —en mi caso es evidente— acentuar la dimensión universal de las relaciones, insistiendo en la noción de arquetipo formal, más allá de la tipología arquitectónica. En efecto, si la tipología se establece en la confluencia de una organización espacial con un programa funcional, el arquetipo formal tiene una entidad más abstracta, previa a la arquitectura, que sugiere configuraciones universales más fecundas y versátiles en sus relaciones con los programas.

Se trata, en definitiva, de identificar el arquetipo que tiene similitud estructural con el programa, en su expresión más genérica. Este planteamiento cambia el modo de proceder: se abandona la pretensión de proyectar edificios a medida del programa, para centrar el proyecto en identificar el arquetipo que puede ser compatible con la estructura básica del programa.

Este no es un modo de proceder nuevo: estoy convencido de que los grandes arquitectos siempre han actuado así, aunque la explicación funcionalista de la modernidad les impedía confesarlo.

Hace poco vi una presentación de un proyecto de Foster & Associates junto al Támesis que me hizo recordar algunas presentaciones del PFC de mi época de profesor: se trata de hacer un inventario de circunstancias y condiciones del lugar para que, al final, parezca que no había otra solución que el proyecto propuesto. Es un modo de entender la arquitectura que en los años sesenta ya no se creía nadie más que los profesores de proyectos. Ahora, por lo que veo, Foster & Associates —y otros arquitectos estrella— comparten la creencia del determinismo circunstancial de la forma: probablemente les resulta muy útil a la hora de convencer a los clientes.

No quiero ocultar que para proceder como digo es necesario tener una cultura visual arquitectónica amplia, así como criterios de juicio solventes, para partir de las mejores propuestas para programas similares. Si no somos capaces de mejorarlas, cuando menos no empeorarlas.

MATERIALES DE LA CIUDAD MODERNA

17. La aproximación que propongo trata de afrontar la ciudad con los instrumentos de la arquitectura, es decir, con la capacidad de ordenar que debería caracterizar a los arquitectos: el marco de referencia de la ciudad que propongo es el ámbito de principios y criterios definido por los trabajos de los años cincuenta de Van den Broek & Bakema, los proyectos urbanos de Le Corbusier, los trabajos en Chicago, Canadá y Detroit de Mies van der Rohe —este último, en colaboración con Hilberseimer— y por los proyectos anteriores de Mies en Europa. La definición del marco ofrece pocas dudas acerca de la naturaleza claramente arquitectónica de la aproximación que planteo.

No se trata, en fin, de llevar los problemas urbanos al campo de la arquitectura, sino de afrontar unos y otra desde la perspectiva de un orden diverso y consistente, ámbito que nunca debieron abandonar.

Antes de iniciar el proyecto se ha de disponer de un repertorio básico de los edificios de que se compone el fragmento urbano que se trata de ordenar: no debe olvidarse que la ciudad no se construye con ideas, sino con edificios y los criterios de orden que van a disciplinar su disposición.

147

Cajas, barras y torres son los arquetipos básicos de los edificios que construyen la ciudad. Así, previo al curso, los asistentes habrán elaborado modelos tridimensionales de esos arquetipos, de modo que puedan usarlos como materiales del proyecto. También se deberá disponer de modelos 3D de elementos de equipo y mobiliario urbano: son ingredientes complementarios de la ciudad, que ayudan a dar sentido y verosimilitud a los espacios públicos.

En el curso se suministrarán ejemplos ilustres de organización urbana moderna y, sobre todo, se insistirá en cultivar el juicio a través de la mirada interesada a episodios urbanos de ciudades bien construidas. Todo ello, a través de la observación de la tierra y las ciudades que proporcionan el Google Earth y el Street View.

Finalmente, disponiendo de los materiales e identificados los criterios de orden, se procederá a la construcción del sector urbano objeto del curso. A lo largo del desarrollo de las sesiones, acompañaré las diferentes propuestas, aconsejando las decisiones que puedan mejorar la de cada grupo.

18. He esbozado las convicciones y criterios sobre los que baso mi modo de proyectar y he dicho antes que no voy a hacer un planteamiento teórico del curso. Un curso que se desarrollará en torno a un proyecto de un sector urbano de entre 10 y 15 hectáreas.

No conozco mejor medio para mostrar mi modo de proyectar que desarrollar yo mismo el proyecto, de modo que el curso arrancará de mi propuesta para el proyecto a desarrollar. No porque sea mejor ni peor que otra, sino porque es la mía.

Acaso sorprenda a más de uno que inicie el curso mostrando una propuesta para el sector urbano escogido: ¿Qué gracia tiene seguir, si ya conocemos la solución? dirán algunos. En este punto se plantea mi convicción póstuma acerca del cometido del arquitecto: en efecto, proyectar no es adivinar o encontrar la solución a un problema, porque el proyecto no es un problema, sino una práctica que exige un aprendizaje para llevarla a cabo.

El identificar el proyecto con un problema es el origen de un estrés innecesario, que ha acabado con el talento de muchos jóvenes. Tiene que ver con una idea masoquista del arte, vinculada a una creatividad mítica que se alcanza por vía de la mezcla sutil de audacia e insensibilidad.

No; el proyecto no tiene que ver con la solución de un problema, sino con el cumplimiento de unos

requisitos formales, materiales y funcionales, lo que
—por definición— no tiene una solución óptima, sino
muchas soluciones satisfactorias.

Así, mi proyecto no debe ser considerado *el proyecto*, sino una de las propuestas que eventualmente
cumplen con el objetivo. Cada cual puede usarlo del
modo que considere más adecuado: como simple referencia o como guía casi literal para su propuesta.
Puede ser usado asimismo como punto de partida
para profundizar algunos aspectos de los muchos que,
en mi propuesta, solo quedarán esbozados.

Es un instrumento de trabajo y, como tal, lo
aporto al curso. Pero ello no debería invitar a nadie a
manosearlo impunemente: en efecto, quien proyecta
a partir de la experiencia adquiere la responsabilidad
de no empeorar los proyectos de los que parte. Si no
es capaz de mejorarlos, una reproducción inteligente
es una de las mejores vías para aprender.

19. No quiero acabar este pórtico del curso sin hacer
una breve referencia a los instrumentos del proyecto.

El proyectar con plantas y secciones ha sido el
modo habitual de hacerlo, a falta de otros instrumentos de representación más adecuados a la naturaleza
constructiva de la arquitectura. Digo de representa-

ción, porque plantas y secciones —incluso perspectivas y modelos físicos— no persiguen otra cosa que representar una realidad prefigurada.

La revolución en los instrumentos de proyecto aparece cuando se ponen en circulación modeladores tridimensionales digitales que permiten alcanzar la visión de la obra sin recurrir a la representación, es decir, abordando el modelo con criterios constructivos análogos a los de la construcción material.

No se trata de ver en perspectiva una realidad imaginada, sino de comprobar desde cualquier punto de vista una realidad construida.

La perspectiva ofrece un aspecto del edificio que no puede extrapolarse a otras visiones: es una visión singular. El modelo físico es una representación material del aspecto exterior del edificio a través de un objeto cuya construcción no tiene nada que ver con la construcción real del inmueble.

El modelo tridimensional digital permite comprobar cualquier aspecto del edificio y a la vez acceder a los pormenores de los que tal aspecto depende, con un simple gesto del dedo índice.

El motivo del uso de los planos en arquitectura se debe, por una parte, a que no se disponía de un instrumento alternativo y, por otra parte, a que a lo largo del clasicismo se trabajaba con un sistema arquitectónico altamente institucionalizado, es decir, elaborado sobre una base convencional muy amplia. Este hecho determinó que los planos fueran más indicaciones para la construcción que instrumentos de verificación del proyecto, porque los resultados eran fáciles de prever por su relación directa con los modelos utilizados.

El proyecto moderno se basó en modelos y tipos de edificios canónicos hasta los primeros años sesenta. No obstante, los grandes arquitectos usaron la perspectiva como instrumento de verificación, dado que su nivel de competencia para el dibujo manual lo permitía.

Yo inicié los estudios de arquitectura el año 1958 y soy de la segunda generación de los que ya no dibujamos bien. No quiero ni pensar lo que vino después. La fortuna del modelo material en las últimas décadas es una prueba de la incompetencia de arquitectos y estudiantes para el dibujo.

Lo curioso es que —por razones que no quiero ni pensar— los instrumentos de modelado tridimensional digital son criticados en las escuelas y relegados a los últimos cursos de la carrera, cuando no prohibidos directamente.

Todos los proyectos de mi archivo —que hago público a través de la web— han podido desarrollarse gracias a un modelador digital 3D y un renderizador, de los muchos que hay en el mercado. Todas las imágenes están elaboradas por mí, sin la colaboración de nadie. Sea cual fuere la calidad de esos proyectos, he de reconocer que los instrumentos —modelador y renderizador— han tenido una incidencia decisiva en los resultados.

Este libro se terminó de imprimir
en Madrid, en julio de 2024